W0094981

# 100 ganz legale Börsentipps und -tricks

## Vermögensaufbau mit Aktien ist einfach

Robert Jakob

# 100 ganz legale Börsentipps und -tricks

Vermögensaufbau
mit Aktien ist einfach

Ellert & Richter Verlag

# Inhalt

## Auf den Spuren der Profis

# Vorwort

Vor nicht einmal einem Jahrhundert fing der Albtraum langsam und schleichend an, entwickelte sich immer schneller, bis er schließlich nach acht Jahren in schwindelerregendem Tempo in einem Desaster gipfelte: Im November 1923 kostete in Deutschland ein Brotlaib 5,6 Milliarden Reichsmark, eine Straßenbahnfahrt war für 50 Milliarden Reichsmark zu haben, und wollte man sein Geld in Dollar umtauschen, benötigte man für einen einzigen Dollar ganze vier Billionen Reichsmark.

Die Rede ist natürlich von der Geldentwertung, der Inflation. Während des Ersten Weltkrieges hatte sich die Anzahl der ausstehenden Schatzanweisungen des Staates verzwanzigfacht. Um die immensen Kriegskosten zu finanzieren, erhöhte der Staat den Bargeldumlauf drastisch und druckte in großen Mengen neues Geld. Gleichzeitig wuchs die Befürchtung, dass dieses Geld nie zurückgezahlt werden könnte. Die Reichsmark verlor an Wert. Als dann 1919 im Versailler Vertrag Deutschland zu horrenden Reparationszahlungen verpflichtet wurde, galoppierte die Geldentwertung regelrecht davon. Im Januar 1920 hatte die Mark gegenüber dem US-Dollar nur noch ein Zehntel ihres Tauschwerts von 1915. Im Oktober 1921 wies die Mark noch ein Hundertstel ihres ursprünglichen Wertes auf, im Oktober 1922 nur gar ein Tausendstel. 1923 folgte die Hyperinflation, die in Banknoten von 100 Billionen Mark gipfelte. Der deutsche Staat konnte seine Schulden nicht mehr länger zurückzahlen. Erst mit Schuldenerlass und Währungsreform ging es langsam wieder bergauf.

## Auch heute ist das Papiergeld nicht mehr viel wert. Wo Euro drauf steht, sind Schulden drin.

Die einzige Möglichkeit, wie die Euro-Länder ihre Schulden abbauen können, ist die Geldentwertung. Das geben viele Politiker mittlerweile sogar offenherzig zu. Dahinter steckt eine große Portion Zynismus. Lediglich dem schleppenden Gang der Wirtschaft und einigen statistischen Tricks ist es zu verdanken, dass die Teuerung noch nicht groß angezogen hat.

Die Inflation hat also auch heute das liebe Geld fest im Griff. Seit ihrer Einführung 2002 hat die Europäische Einheitswährung ein gutes Drittel ihres Wertes eingebüßt. Zumindest nach offizieller Statistik. Ein Drittel ist wenig im Vergleich zur Hyperinflation der Weimarer Republik, aber immer noch genug, um das Einkommen gewaltig zu schmälern. Drum tut der Bürger gut daran, sein Geld clever anzulegen und es um so viel pro Jahr zu vermehren, dass er die Inflation hinter sich lässt. Er vermehrt sein Geld stärker, als die schleichende Geldentwertung und der Staat mit seinen immer neuen Steuern es ihm wegknabbern.

## Die Inflation kann nur an den Börsen geschlagen werden.

Nur dort ist für den Privatanleger die wundersame Geldvermehrung mit geringem Aufwand möglich. Denn das Sparbuch wird auf lange Sicht immer der Inflation hinterher hecheln. Die Börse aber bietet dem Anleger die Möglichkeit, sich selbst an die Spitze der Wirtschaft zu setzen und sich einen Teil jener Stärke zu sichern, die in den Firmen dieser Erde steckt. Denn die Unternehmen sind es, die uns Waren und Dienstleistungen bescheren, die wir für gutes Geld zu kaufen bereit sind, damit sie uns das Leben angenehm machen. Teilhabe am Erfolg dieser Unternehmen sichert auch dem Anleger viel Geld.

Wer an den Wertpapierbörsen investiert, wird reich belohnt werden. Dazu braucht es ein klein wenig Disziplin und vor allem Cleverness. Wer clever ist, gewinnt. Mit den 100 Börsentipps aus meiner jahrzehntelangen Finanzerfahrung wirst du, lieber Anleger, zwar nicht gleich zum Milliardär im Stile eines Warren Buffett, eines Bill Gates oder eines Richard Branson. Aber der Inflation schlägst du allemal ein gehöriges Schnippchen.

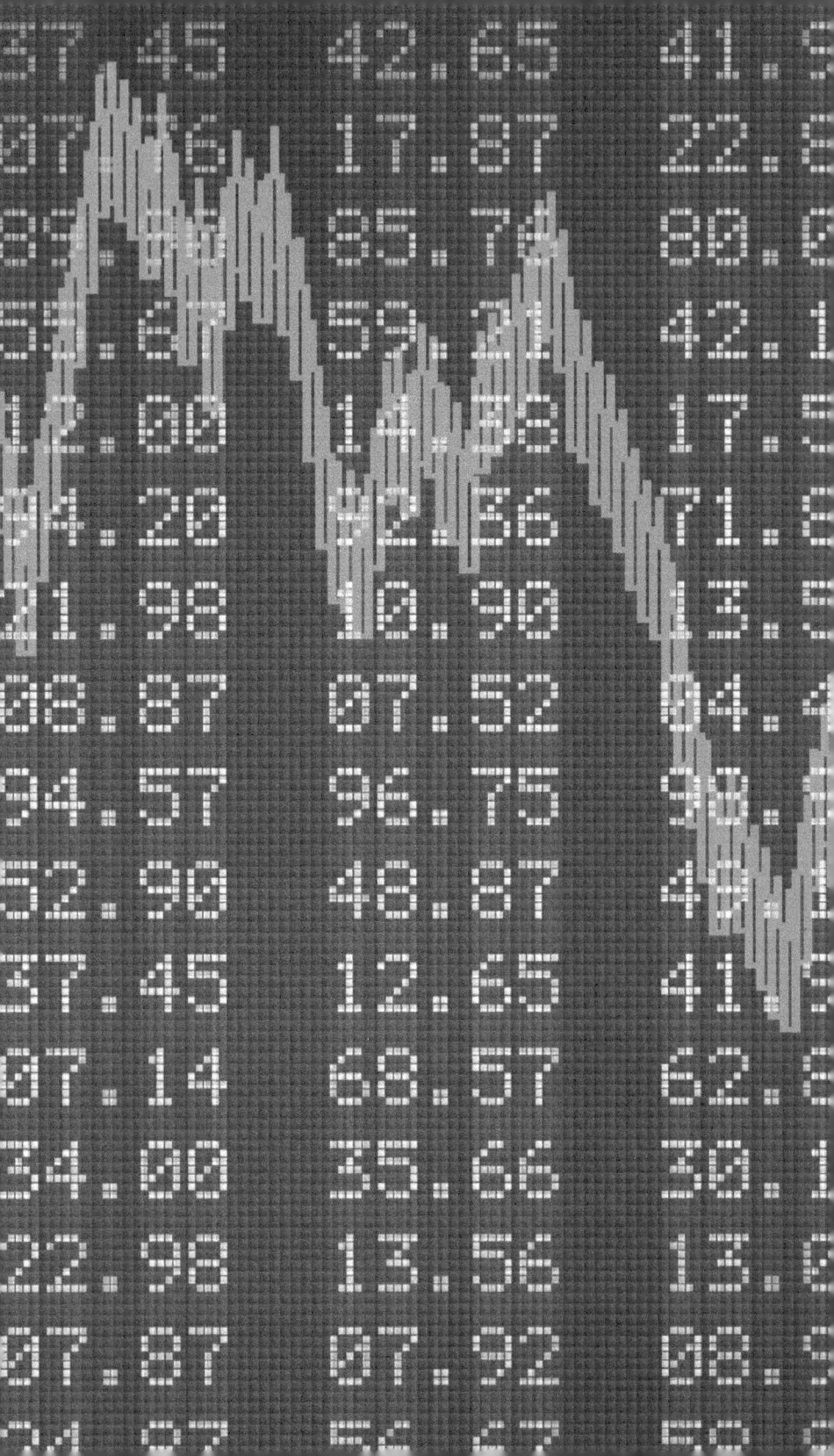

Start in
eine wunderbare
reiche Welt

# 1 Bleib auf der Überholspur
*Mut zur Aktie wird belohnt*

Im Verhältnis zur Einwohnerzahl gibt es in der Schweiz viel mehr Wertschriftenbesitzer als in Deutschland oder Österreich. Die Deutschen und Österreicher sind sehr ängstliche Zeitgenossen. Allerdings sind auch die Schweizer sehr vorsichtig. Denn in ihren Depots liegen hauptsächlich festverzinsliche Papiere. Meist sind es sogenannte Kassenobligationen der Hausbank oder Anleihen, sogenannte Bonds, die regelmäßige Zinseinnahmen garantieren. Einmal im Jahr wird ein fixer Prozentsatz, auch Coupon genannt, ausbezahlt. Etwa 70 Prozent der Schweizer Privatgelder liegen in Anleihen und nur 30 Prozent in Aktien. Auf lange Sicht bringen Aktien jedoch viel mehr Rendite. Seit den 1920er-Jahren, als im Deutschen Reich die Hyperinflation tobte, konnte man mit ihnen in der Schweiz fast 10 Prozent Rendite pro Jahr einfahren.

Wieso setzen so wenige Menschen auf die Aktie? Der größte Börsenspekulant aller Zeiten, der Ungar André Kostolany, hat es einmal so ausgedrückt:

"An der Börse sind 2 mal 2 niemals 4, sondern 5 minus 1. Man muss nur die Nerven und das Geld haben, das minus 1 auszuhalten."

Es braucht also Coolness, wenn man beim Geldverdienen auf der Überholspur fahren will.

Anleihen bringen meist nur wenige Prozentpunkte pro Jahr. Das muss auch so sein, denn mit Anleihen finanzieren sich nicht nur Staaten, sondern auch die Unternehmen. Sie nehmen Geld auf, um daraus wiederum mehr Geld zu erschaffen. Das nennt man Wertschöpfung. Darum muss der Zinssatz, den die Firma für die Anleihen zahlt, tiefer sein als derjenige, den sie mit dem frischen und neu in den Kreislauf gepumpten Geld selbst erwirtschaftet. Ansonsten würde das ganze Spiel ja gar keinen Sinn ergeben. Man nimmt billig Geld auf, um teures Geld zu erhalten.

Aufwärts mit Schwankungen – der Kursverlauf des DAX

Du, lieber Anleger, solltest den Mut haben, stärker in Aktien zu investieren, denn dort scheffelst du das wirklich große Geld. Mit deinem Aktienengagement wirst du zum mutigen Mitunternehmer. Das bedeutet nicht, dass Anleihen total unsinnig wären. Hast du etwa regelmäßig größere Verpflichtungen, die von deinem Konto abgebucht werden, so ist auch ein sicherer und kontinuierlicher Geldeingang aus Anleihen oder Kassenobligationen willkommen. Wenn du aber die Aktienquote hochfährst, wie der Finanzfachmann das Verhältnis Aktien zu Festverzinslichem nennt, dann wirst du mit hoher Rendite belohnt. Je mehr Zeit ins Land geht, desto größer wird dein Vorsprung vor den Hasenfüßen sein, die dem Aktienmarkt nicht über den Weg trauen. Merke dir die alte Börsenweisheit:

Besitzer von Zinspapieren schlafen gut;
Aktienbesitzer dagegen leben gut.

## 2 Kaufen, wenn die Kanonen donnern
### *In der Baisse Standardwerte kaufen*

Kapitalanleger sind leider wie die Lemminge. Sie laufen alle immer in dieselbe Richtung, auch wenn sich vor ihnen ein Abgrund auftut. Geht es mit den Börsenkursen runter, verkauft ein Börsianer nach dem anderen, bis es kein Halten mehr gibt. Regelmäßig kommt Panik auf, als würde der Dritte Weltkrieg kurz bevorstehen. Dann wird oft alles auf den Markt geworfen, was sich noch irgendwie zu Geld machen lässt: „Die Baisse nährt die Baisse." So geschehen in der letzten großen Börsenkrise, die im Frühjahr 2009 zu Ende ging. Da konnte der clevere Anleger doch tatsächlich so solide deutsche Aktien-Werte wie Allianz zu 45 Euro oder Daimler zu 18 Euro kaufen. Zum Vergleich: Nur ein paar Jahre später kosteten dieselben Aktien ein Vielfaches dieser Ausverkaufspreise. Wer also den Mut hatte, in der Krise einzusteigen, der wurde großzügig belohnt.

Der klassische Börsenspruch „Kaufen muss man, wenn die Kanonen donnern" hat also nichts mit Krieg zu tun, sondern er empfiehlt, Aktien gerade dann zu erwerben, wenn die Mehrheit der Börsianer Angst hat. Dann sind die Titel günstig zu haben.

Statistiken zeigen, dass gutes „Timing", wie man den Kauf von Wertpapieren zum bestmöglichen Zeitpunkt auch nennt, dem cleveren Börsianer eine zusätzliche Rendite von 2 Prozent beschert. Pro Jahr wohlgemerkt.

Zwar wird es dir so gut wie nie gelingen, den absoluten Tiefpunkt eines Börsenzyklus zu erwischen, aber tröste dich: Das gelingt auch den Profis nicht immer. Nicht umsonst heißt ein bekannter Börsenspruch auch:

## Zum Einstieg wird nicht geklingelt.

Aber wenn du nur halbwegs günstig einkaufst, ist schon viel gewonnen. Du solltest den Mut haben, dir in der Börsenbaisse einige im

Kurs gefallene solide Standardwerte zu schnappen. Denn für die großen soliden Unternehmen von Allianz bis Zürich Versicherung wird nach dem Regen immer wieder die Sonne scheinen.

Bei der richtigen Aktienwahl hilft ein ganz einfacher Schnelltest: Stelle dir die Frage, ob die Produkte, welche die Firma herstellt, auch in Krisenzeiten gebraucht werden. Bei Allianz (Versicherungen) oder Daimler, BMW und Volkswagen (gute solide Autos) wirst du die Frage immer mit „Ja" beantworten. Greif zu, wenn die Kanonen donnern und kaufe genau jene Aktien, die von verängstigten Anlegern auf den Markt geworfen werden.

# 3 Was ich nicht verstehe, das kauf ich nicht ①

*Anleger lassen sich zu häufig ein X für ein U vormachen*

Ich bin immer wieder erstaunt, wie einfältig Anleger bei Gelddingen vorgehen. Während sie auf dem Wochenmarkt um jeden Apfel feilschen und das Gemüse von allen Seiten begutachten, scheinen sie bei Geldgeschäften blind zuzugreifen. Da wird einfach gekauft, was der Bank- und Versicherungsmakler empfiehlt. Gerät der Kunde dann an unseriöse Branchenvertreter, ist der Schaden programmiert. Wie viele Anleger sind nicht schon auf Steuersparmodelle wie beispielsweise die gefürchteten Schiffsbeteiligungen hereingefallen. Wenn ich diese gutgläubigen Anleger dann frage, warum sie ausgerechnet derart windig-riskante Geschäfte wie Anlagen in Schiffsfonds getätigt hätten, geben die freimütig zu, das zugrundeliegende Geschäftsmodell gar nicht erst verstanden zu haben.

Auch mit Denkmalschutzimmobilien sind so manche Anleger aufgeflogen. Denn bei Kauf und Sanierung lauern Risiken. Schnell wird aus der staatlich subventionierten Kapitalanlage ein Geldgrab. Die Regeln für die Steuerersparnisse bei solch komplexen Modellen sind schwierig zu durchschauen und oft noch schwieriger einzuhalten.

Statt an Denkmalschutz zu denken, solltest du, lieber Anleger, dich besser durch Denken schützen. Was man nicht versteht, das kauft man nicht. Diese einfache Regel schützt vor allerlei Fehlinvestitionen.

# 4 Gewinne laufen lassen
## *Die Kurse steigen länger als man denkt*

Nervosität ist eine Krankheit vieler Anleger. Sobald Gewinne da sind, rufen sie freudig ihren Banker an und verkaufen ihre Aktien. Das trifft umso mehr auf jene Anleger zu, die schon einmal schmerzliche Verluste erlitten haben und nun ihren Gewinn möglichst schnell in trockene Tücher bringen möchten. Das ist nachvollziehbar. Die Erfahrung lehrt aber, dass Phasen steigender Aktienkurse im Durchschnitt mehr als doppelt so lange dauern als die vorangegangene Baisse. Es braucht also einen längeren Atem, um in der Börsenhausse gutes Geld zu machen. Noch stärker als der Spruch „die Baisse nährt die Baisse" gilt:

## Die Hausse nährt die Hausse.

Das liegt daran, dass Anleger unverbesserliche Optimisten sind. Das müssen sie auch sein, denn sonst hätten sie an der Börse ja nichts verloren. Seien wir doch froh, denn Optimismus ist etwas Schönes.

Einer der gravierendsten Anlagefehler besteht darin, durch Verkäufe Löcher zu stopfen: Anleger, die auf Verlustpositionen sitzen, neigen dazu, ihre guten Aktien mit Gewinn zu verkaufen, weil sie mit dem frischen Geld den Einstandskurs von den Aktien, die im Minus notieren, verbilligen wollen. 100 Aktien, zu 100 Euro gekauft, werden durch Nachkauf von 100 Aktien zu 50 Euro im Schnitt 25 Euro billiger. Denn der Durchschnittskurs für die 200 Aktien liegt jetzt bei 15 000 Euro dividiert durch 200 gleich 75 Euro. Der Verlust hat sich damit auf 25 Euro statt auf 50 Euro pro Aktie reduziert. Statt 50 Prozent beträgt er nur noch 25 Prozent.

Das sieht zwar optisch besser aus – in absoluten Zahlen ist der Verlust jedoch gleich groß geblieben. Er beträgt nach wie vor stolze 5000 Euro. Daran lässt sich nicht rütteln. Im Depot befindet sich jetzt eine größere Position eines Verlustbringers. Meist liegen die so „verbilligten Aktien" anschließend wie Blei im Depot.

Die Folge dieser schlechten Strategie ist dann, dass sich mit der Zeit nur noch lahme Gurken, Zitronen oder Ladenhüter ansammeln, die nicht recht vom Fleck wollen. Die Wertpapiere haben zwar prozentual einen nur geringen Verlust; durch Einstandsverbilligung handelt es sich aber mittlerweile um eine ganz schöne Masse. Und diese Masse ist träge und bindet Kapital, während die richtig guten Wertpapiere weiter fleißig dem Himmel entgegen stürmen – aber leider ja verkauft wurden.

Wenn du, lieber Anleger, schöne Gewinne auf deine Wertpapiere ausweisen kannst, solltest du dir jede Verkaufsentscheidung und jede Umschichtung erst einmal genau überlegen. Widerstehe der Versuchung, auf den Verkaufsknopf zu drücken. Die Hausse dauert meistens viel länger als du denkst.

# 5 Hin und her machen deine Taschen leer
*Nichtstun ist besser als übertriebene Hektik*

In Werbefenstern siehst du sicher immer häufiger Strahlemänner, die dir weismachen wollen, dass du mit ein paar Mausklicks pro Tag Geld scheffeln kannst. Da grinsen dir Gesichter von Wellenreitern, Pokerspielern, Ärzten oder anderen beneidenswerten Berufsgruppenvertretern entgegen und behaupten, mit Optionen 5000 und mehr Euro im Monat nebenbei zu verdienen. Das ist alles Blödsinn. Für dein Geld hast du hart gearbeitet, Steuern bezahlt, und es ist viel zu schade, um damit rumzuspielen und auf solchen Marketingschabernack hereinzufallen. Glaube nicht an das Gewäsch vom erfolgreichen „Daytrader", jener Minderheit unter den Anlegern, die am Tag mehrmals ein Wertpapier kauft und wieder verkauft und damit angeblich locker ihren Lebensunterhalt verdient. Wenn einer von ihnen Geld gewinnt, muss es logischerweise einen anderen geben, der den entsprechenden Verlust einfährt. In der Endabrechnung ist das alles ein Nullsummenspiel. Am Schluss gewinnt nur die Bank oder noch schlimmer das Kasino, wo gerade gespielt wird. Denn die heimsen die Gebühren für die Börsengeschäfte ein. Auf Käufe und Verkäufe an der Börse wird eine Courtage für die Bank fällig und meistens noch Steuern und Fremdgebühren. Oder wie es André Kostolany ausdrückte:

## „Von einem Fünftel der Börse leben die Spekulanten, von vier Fünfteln die Broker."

Nehmen wir ein konkretes Beispiel: Handelt ein Anleger mit einer Summe von 10 000 Euro und führt davon 0,5 Prozent als Gebühr ab, so fallen Kosten in Höhe von 50 Euro für unser Beispiel an – auf den ersten Blick keine riesige Summe. Nehmen wir aber jetzt an, der Anleger hat eine gute Wahl getroffen und sein Gewinn innerhalb der investierten 10 000 Euro beläuft sich auf 500 Euro, so wird deutlich, dass rund 20 Prozent des Gewinnes als Gebühr abgeführt werden müssen, sobald er die Position glatt stellt (verkauft).

Wieso 20 Prozent? Nun, er muss zweimal zahlen. 50 Euro für den Kauf und noch mal gut 50 Euro für den Verkauf. 100 Euro von 500 Euro machen nun einmal 20 Prozent aus. Hat der Anleger etwas Geduld und wartet, bis sich der Gewinn auf 1000 Euro beläuft, so machen die rund 100 Euro Gebühr nur noch 10 Prozent der Gewinnsumme aus.

Wenn du, weiser Anleger, also langfristig gewinnen willst, dann musst du vor allem auf überflüssige und überhastete Verkäufe verzichten.

Anleihen kaufst du, um sie bis zur Rückzahlung zu behalten. Dann verlangt die Bank keine Gebühren für die Einlösung der fälligen Wertpapiere.

Aktien kaufst du mit dem Gedanken, sie erst in vielen, vielen Jahren zu verkaufen, dann etwa, wenn du dir deine Luxusweltreise gönnen willst oder endlich das Cabrio deiner Wünsche in die Garage fahren möchtest.

# 6 Was du von deinen Vätern ererbt hast, erwirb es, um es zu besitzen Ⓓ Ⓐ

*Behalte deine alten steuerbegünstigten Wertpapiere*

Vor 2009 gekaufte Aktien darf man nur in äußersten Notfällen verkaufen, und Eltern geben diese am besten an ihre Kinder weiter, wenn sie können. Denn 2009 wurde in Deutschland die Abgeltungssteuer auf Veräußerungsgewinne am Kapitalmarkt eingeführt. Österreich machte es den Deutschen zwei Jahre später auf recht unbeholfene Weise nach und führte dieselbe Art von Steuer ein. Seither muss der Anleger in beiden Ländern jeweils ein Viertel des an der Börse erzielten Gewinnes an den Fiskus abgeben. Die neue Wertpapier-Kapitalgewinnsteuer wurde in Österreich zunächst Aktiensteuer genannt. Sie gilt aber mittlerweile wie in Deutschland auch für Anleihen oder für Fonds. Die Aktiensteuer galt zunächst nur für Wertpapierkäufe ab dem 1.1.2011 und betraf alle nach diesem Zeitpunkt angeschafften Anteile von Investmentfonds, Immobilieninvestmentfonds und eben Aktien. Mit 15 Monaten Verzögerung wurde sie dann auch für Anleihen, Zertifikate und sogenannte Derivate eingeführt, die ab dem 1.4.2012 erworben wurden. Da sich die Banken und Fonds auf die Ende 2010 beschlossene Besteuerung noch technisch vorbereiten mussten, wurden aber realisierte Kursgewinne von Aktien, Fonds, Derivaten, festverzinslichen Wertpapieren oder Indexzertifikaten erst ab 1.4.2012 tatsächlich direkt vom Verkaufserlös abgezogen. Vor dem 1.4.2012 realisierte Gewinne von nach dem 1.1.2011 erworbenen Wertpapieren mussten via Steuererklärung abgerechnet werden, was wohl noch eine Weile umgangen werden konnte. Für Wertpapiere, die vor dem 1.1.2011 angeschafft wurden, gilt der sogenannte Altbestand-Schutz. Gewinne laufen zunächst weiter und sind auch bei der Auszahlung steuerfrei. Man merkt: Hier wurde ein steuertechnisches Ungetüm geboren.

Deutsche Steuerbürger können wählen, ob sie die seit 1.1.2009 für alles geltende Abgeltungsteuer zahlen oder ob sie die allfälligen Kapitalgewinne mit der Einkommenssteuererklärung verrechnen. So oder so kommt aber noch der „Soli" und gegebenenfalls die Kirchensteuer dazu, weshalb sich die Steuerlast auf knapp 30 Prozent summiert. Österreicher kommen etwas günstiger weg. Für Schweizer ist die Welt noch in bester Ordnung. Privatanleger kennen dort keinerlei Kapitalgewinnsteuer.

Schauen wir uns einmal ein konkretes Beispiel aus Deutschland an, welches sinngemäß auch für österreichische Steuerbürger gilt (allerdings mit anderem Stichtag).

a.) Marina erbt von ihrer Mutter 300 000 Euro Bargeld. Sie ist 39 Jahre alt und legt dieses Geld sogleich in Aktien und Fonds an. Mit 67 verkauft sie diese Anlagen wieder und freut sich über einen Verkaufserlös von 900 000 Euro. Das entspricht im Übrigen dem durchschnittlichen Planungssatz der Vermögensverwalter (4 Prozent pro Jahr). Doch leider hat sie die Rechnung ohne den Wirt gemacht. Denn der Staat nimmt sich ein knappes Drittel des Vermögenszuwachses als sogenannte Abgeltungssteuer. Damit sind es 200 000 Euro weniger. Sie bekommt also nur 700 000 Euro (hätte sie unerwarteterweise Verlust gemacht, würde der Staat aber nicht im Geringsten der armen Marina helfen und mit einer Steuergutschrift in die Bresche springen).

b.) Marina erbt von ihrer Mutter 300 000 Euro an Aktien und Fonds, die diese vor 2009 schon von ihrer Mutter übernommen hatte. Marina ist 39 Jahre alt und lässt dieses Geld einfach angelegt liegen. Sie kümmert sich erst einmal gar nicht darum. Mit 67 verkauft sie diese Anlagen wieder und freut sich über einen Verkaufserlös von 900 000 Euro. Jetzt will sie als Rentnerin ihr Leben genießen. Der Zugewinn entspricht im Übrigen dem durchschnittlichen Planungssatz der Vermögensverwalter (4 Prozent pro Jahr). Sie kann die 900 000 Euro vereinnahmen und verprassen, da für Anlagen vor 2009 Altbestandschutz gilt. Steuern muss sie keine bezahlen.

Im Fall a.) erlebt Marina also am Tag der Auszahlung eine böse Überraschung. Für österreichische und deutsche Steuerbürger gilt darum die Devise:

**Hände weg von Altbeständen! Diese sind Gold wert und einem Joker gleich, den man erst in letzter Minute zu ziehen braucht.**

Beachten solltest du, dass du schon jetzt eine realistische Einschätzung des im Jahre X zu erwartenden Rentenalters in deine Berechnungen einfließen lässt.

# 7 Monopoly spielen erlaubt

*Vom Eurotunnel bis zur Deutschen Börse*

Das Kartellamt mag sie hassen, aber die Investoren lieben sie: Die Firmen, an deren Produkten und Dienstleistungen niemand vorbeikommt. Monopole haben hohe Durchsetzungskraft bei den Preisen und gleichzeitig wenig Wettbewerb zu befürchten. Dadurch sind die Gewinne stetig. Und zwar meist stetig steigend. Wenn du, lieber Anleger, in Aktien solcher Firmen investierst, kannst du dich erst einmal viele Jahre zurücklehnen. Denn das Monopol ist ja deshalb so stark, weil kein Konkurrent besser ist und deine Monopolaktie aus dem Markt kicken kann. Oder weil der Staat das Monopol schützt, wie das bei den großen Elektrizitätsunternehmen, im Fachjargon auch Versorger genannt, der Fall ist. Versorger weisen nur geringe Nachfrageschwankungen auf. Selbst in Wirtschaftskrisen sinkt der Stromverbrauch höchstens um rund ein Prozent. Da kann also langfristig nicht allzu viel schief gehen.

Auch börsennotierte Infrastrukturanlagen fallen in die Kategorie Monopole. Sie profitieren von idealen Rahmenbedingungen, da sie oft reguliert sind und langlaufende Verträge abgeschlossen haben. Das gilt beispielsweise für Betreiber von Pipelines, Mautstraßen oder für Wasserversorger. Sie müssen sich nicht groß vor sinkender Nachfrage fürchten. Zudem bietet der oft durch langfristige Verträge abgesicherte Preismechanismus einen direkten Inflationsschutz und stellt grundsätzlich positive reale Renditen sicher.

Immobilien haben ähnliche Eigenschaften wie die Infrastrukturanlagen. Ein Flughafen beispielsweise ist eine Immobilie, fällt aber gleichzeitig auch in das Segment Infrastruktur. Eine weitere Gemeinsamkeit sind die langlaufenden Mietverträge, die stabile Geldströme erwarten lassen, welche dann typischerweise an die Aktionäre ausgezahlt werden. Außerdem sind Mieten zusätzlich häufig an die Inflationsentwicklung gekoppelt, wodurch die Investoren vor rückläufigen realen Erträgen bei steigenden Preisen geschützt werden.

Ein interessantes Monopol ist auch der Eurotunnel. Beim Bau der Verbindung zwischen Frankreich und Großbritannien liefen die Kosten erst einmal aus dem Ruder. Mittlerweile ist die arg in Schieflage geratene Bilanz jedoch saniert. Die Gesellschaft hält langfristige Pachtverträge und macht jetzt endlich schönen Gewinn. Dir kann es schließlich egal sein, ob vor dir viele Aktionäre Geld verloren haben, wenn nur jetzt endlich die Post abgeht.

Zu den bedeutendsten Monopolen zählen schließlich – ein Schuft, wer Schlechtes dabei denkt – die Börsen selbst, beispielsweise die Terminbörse aus Chicago, CME Group. Pro Land gibt es fast nur eine große Leitbörse wie etwa die brasilianische Bovespa in São Paulo oder die Deutsche Börse in Frankfurt, und wenn du dich daran beteiligen kannst, cleverer Anleger, dann hast du dir schon ein saftiges Stück Monopol gesichert.

# 8 Die Kosten tief halten
*Wertpapierbesitz und Wertpapierhandel müssen nicht teuer sein*

Ich kannte jemanden, der seine Hausbank für 20 000 Euro mit einem sogenannten Vermögensverwaltungsmandat beauftragte. In das Depot legte die Bank dem Kunden dann drei Investmentfonds, die von derselben Bank herausgegeben und geführt wurden. Der Kunde musste dafür 2 Prozent Provision für die Vermögensverwaltung bezahlen. Hinzu kamen noch einmal 2 Prozent versteckte Kosten in den Fonds selbst. Denn Managementgebühren, Depotgebühren, Transaktionskosten und allerlei Kleinkram werden, ohne dass es der Kunde überhaupt bemerkt, dem Fondsvermögen belastet. Bei Gebühren von 4 Prozent pro Jahr konnte jetzt für den Kunden keine gescheite Rendite mehr herausspringen. Umgekehrt war der Bank durch die hohen Verwaltungskosten ein risikoloses jährliches Einkommen sicher. Die Welt war zwischen Bank und Anleger auf den Kopf gestellt.

Vermögensverwaltungsmandate sind nur etwas für alte reiche Leute, die sich nicht mehr um ihre Finanzen kümmern können oder wollen. Du, cleverer Anleger, bist deines eigenen Glückes Schmied und findest überall eine gute Bank, die dir zu vernünftigen Kosten bei der Geldanlage hilft. Dazu brauchst du zuerst einmal ein Depot, in dem deine Wertpapiere elektronisch verwahrt werden. Die Zeiten, in denen Urkunden aus Papier den Besitzer wechselten, sind vorbei. Heute läuft alles per Computer. Darum ist das Aufbewahren von Aktien und Anleihen auch kein Problem mehr. In Deutschland ist die kostenlose Verwahrung von Wertschriften schon seit Jahren üblich. Auch in den Alpenrepubliken Österreich und Schweiz hat sich das Gratisdepot teilweise durchgesetzt.

Schon beim Kauf und Verkauf von Wertpapieren lässt sich viel Geld sparen. Am günstigsten sind die sogenannten Discountbroker. Das sind meist Filialen einer großen Bank, welche die Käufe/Verkäufe (Transaktionen genannt) für wenige Euro oder Franken abwickeln.

Entweder sie verrechnen dir pro Transaktion eine feste Summe oder einen Promillesatz am getätigten Umsatz. Viele Discountbroker locken Neukunden mit Rabattangeboten. Dazu gehören sogenannte free trades, bei denen keine Transaktionskosten in Rechnung gestellt werden oder es Prämien bis hin zu Geldgeschenken gibt. Wenn du schon mal einen guten Start in deine Börsenkarriere hinlegen möchtest, dann springe einfach auf den Zug auf und schnappe dir einen Anbieter deines Vertrauens. Um dein Bares musst du dir übrigens keine Sorgen machen. Die Einlagensicherung (in Österreich und Deutschland 100 000 Euro, in der Schweiz 100 000 Franken pro Kunde) schützt dich gegenüber einem letztlich doch sehr unwahrscheinlichen Bankkonkurs. In Deutschland ist dieses Sicherheitsnetz ganz besonders dicht gestrickt. Denn dort gibt es noch zusätzlich den Einlagensicherungsfonds der Banken. Da müsstest du schon Millionen auf dem Konto rumliegen haben, um dich bei einem möglichen Konkurs des Brokers einem Risiko auszusetzen. Und als cleverer Anleger lässt du dein Bargeld ja ohnehin nicht unproduktiv herumliegen, oder?

Deine Wertschriften dürfen als Sondervermögen im Konkursfall von niemandem außer dir selbst verwertet werden. Die Bank hat keinen Zugriff darauf. Lediglich Bargeld wäre im Konkursfall Freiwild, aber das ist ja durch die Einlagensicherung und in fast allen Fällen zusätzlich durch den Einlagensicherungsfonds geschützt. Du bist also vollkommen auf der sicheren Seite.

## 9 Verkaufen, wenn die Schalmeien klingen
*Kasse machen muss man, wenns am schönsten ist*

Gewinne soll man zwar laufen lassen, wie es so schön heißt, aber irgendwann willst du, lieber erfolgreicher Anleger, ja vielleicht einmal mit dem vielen Geld eine größere private Anschaffung tätigen, und sei es nur der Bezug eines neuen hübscheren Heimes. Merke: Zum Einstieg an der Börse wird nicht geklingelt – zum Ausstieg leider noch weniger.

Woran erkennt man nun aber, dass der Moment gekommen ist, Gewinne mitzunehmen? Eines der wichtigsten Zeichen ist grenzenloser Optimismus. „Die Hausse stirbt in der Euphorie" heißt ein sehr treffender Börsenspruch. Wenn alle, vom Experten bis zum Kleinanleger, der Meinung sind, dass es nur noch weiter aufwärts gehen kann, dann ist höchste Vorsicht geboten.

Warum ist das so? Nun, wenn alle optimistisch sind, dann haben sich erwartungsgemäß alle Anleger bereits mit Aktien mehr oder weniger voll eingedeckt. Sie werden bei weiter steigenden Kursen kaum mehr zukaufen. Im Gegenteil: Sobald eine negative Nachricht auftaucht, werden viele Anleger einen Teil ihrer Anlagen abstoßen. Kommen dann weitere schlechte Nachrichten hinzu, beispielsweise von der Zins- oder Konjunkturfront, dreht rasch der gesamte Markt.

Gut möglich, dass es in einer wahrhaft euphorischen Aktienhausse noch eine Zeit lang weiter aufwärts geht. Überlasse die letzten paar Prozent Rendite ruhig jemand anderem. Den absoluten Höchststand wirst du beim Verkauf so gut wie nie treffen. Aber deine Pläne willst du doch nicht verschieben, vor allem nicht wegen der blöden Börse, oder?

Steigt eine Aktie, wird man zum Spekulanten, fällt sie, wird man zum Anleger.

# 10 Die nächste Straßenbahn kommt bestimmt
*Renne nie steigenden Kursen hinterher*

Eine Börsenweisheit von Altmeister Kostolany sagt: „Aktien und Straßenbahnen darf man nicht hinterherlaufen. Die nächste kommt bestimmt." Damit warnt er vor übertriebenem Aktionismus. Wer den Kauf einer bestimmten Aktie zu einem günstigen Preis verpasst hat, sollte besser die Finger von dem Wertpapier lassen. Denn ist der Kurs bereits kräftig gestiegen, heißt das nicht automatisch, dass er weiter steigt. Auch das Gegenteil kann der Fall sein. Denn nach dem Kursanstieg ist die Aktie meist nicht mehr billig und daher rückschlaggefährdet. Deshalb sollten es Anleger vermeiden, bei der Auswahl einzelner Wertpapiere auf den bereits fahrenden Zug aufzuspringen. Sie sollten stattdessen neue Chancen suchen, die sich bei den Abertausenden von Wertpapieren, die an den Weltbörsen gehandelt werden, ja tagtäglich bieten.

Oft ziehen einzelne Aktien ganze Branchen nach oben oder unten. Diese auch als „Sippenhaft" bezeichnete Ansteckung ist sehr gefährlich, aber sie ist in der Regel nur vorübergehender Natur. Veröffentlicht beispielsweise der Pharmariese Novartis gute Geschäftszahlen, wird die Aktie an der Börse steigen. Zeitgleich geht meist auch der Basler Nachbar Roche mit Kursgewinnen in den Börsenhandel, selbst wenn das Unternehmen gar keine Neuigkeiten mitzuteilen hat. Werden die so eingepreisten Vorschusslorbeeren nicht erfüllt, kommt es früher oder später unweigerlich zu einem Kursrückschlag.

In der Baisse bieten sich durch dieses Ansteckungsphänomen eher Kaufgelegenheiten, da die Sippenhaft ja eine Ungerechtigkeit ist. In der Hausse führt sie häufig zu Übertreibungen.

# 11 Es ist nicht alles Gold, was glänzt Ⓓ Ⓐ ⒸⒽ
*Ein Hort der Sicherheit mit mickriger Rendite*

Immer wieder wirst du auf Gold stoßen. Nicht in deinem Garten, sondern in den Zeitungen und Anlegermagazinen. Alle zwei, drei Monate schreibt ein Journalist die Phrase „Gold glänzt wieder". Auch der Preis fürs Gold geht ständig auf und ab. Manchmal glänzt es, manchmal strahlt das gelbe Metall nur milde vor sich hin. Manchmal macht der Goldpreis sogar an einem einzigen Tag Bewegungen von mehreren Prozentpunkten nach oben und unten. Nur: Als Anleger hast du herzlich wenig davon.

Denn langfristig bleibt der Goldpreis immer etwa gleich. Dann nämlich, wenn man ihn um die Inflationsrate bereinigt. Anders ausgedrückt: Über Hunderte von Jahren ist Gold real nicht groß gestiegen oder gefallen. Es gab Spitzen, wie 1980 und 2011, wo das gelbe Metall Höchststände erreichte, und es gab Tiefen. Aber im Schnitt konnte man seit den alten Griechen für eine Goldmünze in etwa immer dieselbe Menge an Waren und Dienstleistungen kaufen. Gold ist also ein Hort der Stabilität. Das hat durchaus seinen Charme. Nur solltest du, lieber Anleger, mit deinem Geld etwas mehr als nur die Inflation als Renditeziel ansteuern.

Wenn du von deinem Großvater noch ein paar alte 20-Mark-Stücke in der Schmuckschatulle hast, behalte sie ruhig. Denn sie sind schön und darüber hinaus auch bleibende Zeitzeugen. Wenn du sie verkaufst und später wieder kaufen möchtest, würdest du darauf in Deutschland oder Österreich die Mehrwertsteuer verlieren. Also behalte deine Münzen lieber in Ehren und gutem Andenken.

Wenn du mit Gold Geld verdienen willst, musst du in der Baisse Goldminenaktien kaufen. Denn nur so beteiligst du dich am Fortschritt – und zwar am Fortschritt der Explorationsunternehmen. Diese schaffen es nämlich mittlerweile, zu immer günstigeren Kosten das begehrte Edelmetall aus der Erde herauszuholen. Bis vor gar nicht mal so langer Zeit waren die Abbaukosten ständig gestiegen. Mittlerweile haben die großen Minengesellschaften ihre Hausaufgaben

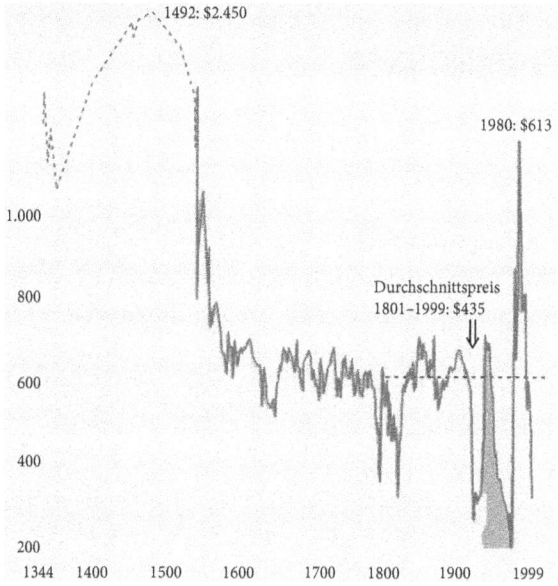

1492: $2.450

1980: $613

1.000

800

Durchschnittspreis
1801–1999: $435

600

400

200

1344 1400 1500 1600 1700 1800 1900 1999

Der inflationsbereinigte Goldpreis zwischen 1344 und 1999 in US-Dollar pro Feinunze (Basis 1999)

gemacht. Die Kosten, um eine Feinunze Gold zu schürfen, fallen stetig. Firmen wie Barrick Gold (Kanada), Newmont Mining (USA) oder Newcrest Mining (Australien) sitzen auf Goldreserven in dreistelliger Milliardenhöhe und werden diese irgendwann einmal jeweils in großem Maßstab erfolgreich „ernten".

# 12 Perlen fischen

*Nutze dein Grundwissen, um günstig bewertete, viel versprechende Aktien zu finden*

Billig kaufen, teuer verkaufen, so sieht der Idealfall bei Börsengeschäften aus. Nur: Wie findet man billige Titel? Mach es wie die Perlenfischer oder die Pilzsammler: Die kennen die Stellen, wo sie fündig werden und kommen daher immer wieder gern dorthin zurück. Dort können sie meist mehrmals hintereinander reiche Ernte einfahren. Schau dich erst einmal in deinem eigenen Garten um:

Vielleicht bist du Ingenieur? Dann kannst du wahrscheinlich beurteilen, ob ein viel gepriesenes neues Pumpsystem den Markttest besteht, und dann findest du vielleicht die Aktien der deutschen Firma KSB gerade im langjährigen Vergleich günstig bewertet.

Vielleicht bist du Informatiker? Dann weißt du wohl besser als alle anderen, ob das Software-Unternehmen, das dir dein Bankberater ans Herz gelegt hat, wirklich eine bahnbrechende Neuheit programmiert hat oder nur alten Wein in neuen Schläuchen auftischt.

Vielleicht bist du Krankenpfleger? Dann kannst du beurteilen, ob einer der vielen Krankenhaus- und Altersheimbetreiber, die an der Börse notiert sind, seriös ist oder ob es sich lediglich um eine Gelddruckmaschine handelt, für die das Wohl von Patienten und Personal zweitrangig ist.

Hast du in deinen eigenen Gefilden Vielversprechendes entdeckt, dann tauche oder grabe tiefer. Schau dir die wichtigsten Kennzahlen des Unternehmens an. Die Schulden sollten nicht mehr als das Dreifache des Eigenkapitals ausmachen, und die Firma sollte ihre Produkte mit Gewinn verkaufen, es sei denn, es handelt sich um ein neu gegründetes Unternehmen.

# 13 Neues Auto, neues Glück

*Modellwechsel nicht nur zum Autokauf, sondern auch zum Aktienkauf nutzen*

Früher gab es über 100 Automobilhersteller. Mittlerweile sind nur noch ein gutes Dutzend Großkonzerne aus wenigen Ländern der Erde übrig geblieben. Der Automobilmarkt ist ein ungemein anspruchsvoller Massenmarkt geworden. Nur groß-kapitalisierte Multis überleben. Alle paar Jahre muss ein neues Modell auf den Markt, und sei es nur, um den Kunden den Fortschritt zu suggerieren. Ein Modellwechsel animiert zum Kauf. Waren vorher die Umsätze rückläufig, geht jetzt wieder die Post ab. Gähnten die Kunden vorher vor den Vitrinen der Autohändler, stehen sie jetzt für Probefahrten Schlange.

Die Entwicklungskosten für neue Modelle sind gewaltig. Erst wenn die neuen Autos sich am Markt durchsetzen, fließt das eingesetzte Kapital wieder zurück. Dann werden Entwicklungskosten zu handfesten Gewinnen. Davon kannst du profitieren, indem du auf der Modellwechselwelle mitreitest.

Positioniere dich nur einige Wochen vor Auslieferung der neuen Autos. Damit meine ich nicht die Vitrine beim Autohändler, sondern den Kauf von Aktien der Automarke, deren Modellwechsel gerade bevorsteht. Die Wahrscheinlichkeit ist extrem groß, dass sich die Neueinführung in höheren Verkaufszahlen niederschlägt, die dann auch an der Börse Applaus finden werden. In der Regel entwickeln sich Aktien von Autoherstellern nach einem Modellwechsel sehr dynamisch. Dasselbe gilt für dein Depot, wenn du als schlauer Anleger rechtzeitig reagierst.

# 14 Sell on Good News – Buy on Bad News
### Nutze überverkaufte und überkaufte Märkte aus

Der englische Spruch, dass Aktien bei positiven Nachrichten zu verkaufen sind, hat durchaus seine Berechtigung. Natürlich nur für den, der Kasse machen will. Ansonsten gilt ja die Devise, Aktien am besten bis zum Sankt-Nimmerleinstag zu halten. Nach einer positiven Nachricht erreichen Aktien meistens ein deutlich höheres Kursniveau. Nach ein paar Tagen ist die Wirkung verpufft, und das Unternehmen muss die Werthaltigkeit des Kursanstieges erneut unter Beweis stellen. Jetzt gilt es also, die erhöhten Erwartungen zu erfüllen. Das kann sich als schwierig erweisen. Gerade darum kann es sich lohnen, die entsprechende Aktienposition zu verkaufen, nachdem die letzten Investoren auf den fahrenden Zug aufgesprungen sind.

Umgekehrt macht auch „Buy on Bad News" häufig Sinn. Nach einer Gewinnwarnung beispielsweise verkaufen frustrierte Anleger massenweise ihre Aktien. Vor allem nach einer längeren Schwächeperiode befinden sich die heruntergeprügelten Titel dann nur noch in den sogenannten „starken Händen". Damit sind diejenigen Aktienbesitzer gemeint, die langfristig fest an das Unternehmen glauben. Jetzt gibt es plötzlich fast keine Verkäufer mehr. Es braucht nur noch wenig, beispielsweise eine positive Überraschung, und das Pendel schlägt wieder in die andere Richtung um.

Kostolany beschrieb das so: Sind die Papiere in zittrigen Händen, so hat eine besonders gute Nachricht fast keine Wirkung mehr. Dagegen endet eine schlechte Nachricht im Debakel. Haben die Hartgesottenen den größten Teil der Aktien, so wirken gute Nachrichten euphorisch, schlechte verursachen wenig Reaktionen. Den ersten Fall nennt Kostolany einen überkauften, den zweiten einen überverkauften Markt. Überkaufte Marktsituationen solltest du als cleverer Anleger zu Gewinnmitnahmen benutzen. Überverkaufte Märkte solltest du zum Einstieg nutzen.

## 15 Lass das Karussell sich drehen
*Vom Segen des Zinseszinses*

Der Erfinder des Schachspiels soll angeblich als Belohnung beim König einen Wunsch frei gehabt haben. Er wünschte sich nun, dass das Schachbrett mit Reiskörnern gefüllt werden sollte. Und zwar nach folgendem Prinzip: Ein Korn solle auf das erste Feld, zwei auf das zweite, vier auf das dritte, und so weiter und sofort gelegt werden – also auf einem Feld immer doppelt so viele Reiskörner wie auf dem vorangehenden.

Der König, der sich über diesen vermeintlich bescheidenen Wunsch zunächst wunderte, versprach, der Bitte nachzukommen. Hätte er über elementare mathematische Kenntnisse verfügt, so hätte er diese Dummheit sicher nicht begangen. Denn folgt man dieser Anordnung der Reiskörner Schritt für Schritt, so liegen allein auf dem 64. Feld über 9 Trillionen Reiskörner. Zählt man alle Körner zusammen, sind es knapp 20 Trillionen.

Die Realität der Fabel ist nicht verbürgt. Sie ist aber ein schönes Beispiel für den Zinseszinseffekt. Und den kann sich der Anleger tatsächlich zunutze machen. Zwar nicht mit einer Rendite von 100 Prozent, wie sie sich der Erfinder des Schachspiels pro neuem Feld vom naiven König auszahlen ließ. Aber bereits wenige Prozentpunkte halten die wundersame Geldvermehrungsmaschine am Laufen.

Wenn du dein Geld mit einer Rendite von 10 Prozent pro Jahr vermehrst, hast du zwar nach einem Jahr aus 1000 Euro nur 1100 Euro gemacht. Nach zwei Jahren schauen aber bereits 1210 und nicht nur 1200 Euro (1000 plus 100 plus 100) heraus. Also schon wieder 1 Prozent mehr als du gedacht hast. Im dritten Jahr sind es 1331 Euro, also bereits 31 Euro mehr, respektive 3,1 Prozent mehr als gedacht. Bei einer Rendite von 10 Prozent brauchst du dank des Zinseszinseffektes nicht 10 Jahre, sondern nur gerade einmal gut sieben Jahre, um dein Geld zu verdoppeln. Voraussetzung ist, dass du alles Geld, was dir an Zins zufließt, auch gleich wieder anlegst.

Das ist der Fluch, aber auch der Segen des Zinseszinses. Je höher der Zins, desto stärker wirkt sich der Zinseszins zu deinen Gunsten aus. Bereits mit einer Rendite von 5 Prozent kannst du dein Geld in gut 14 Jahren verdoppeln. Du hast also dank Zinseszinseffekt rund sechs Anlagejahre gespart. Darum lass dein Geld nicht herumliegen, lass es immer fleißig für dich arbeiten.

# 16 In Menschen investieren (CH)
*Wachstums- und Zuwanderungsländer bevorzugen*

7 Milliarden, 8 Milliarden, 9 Milliarden, die Menschheit wächst unaufhörlich. Umweltprobleme sind die eine Seite der Medaille. Die andere sind deine Chancen als Anleger. So verrückt es klingt: Bevölkerungswachstum allein sorgt bereits für steigende Kurse. Denn je mehr Menschen zu versorgen sind, desto mehr Produkte und Dienstleistungen müssen bereitgestellt werden, und die kommen nun mal in erster Linie von den Firmen vor Ort. Ihre Zahl wächst aber nicht im gleichen Rhythmus wie die Bevölkerung, und so haben die Platzhirsche in den Wachstums- und Zuwanderungsgebieten alle Trümpfe in der Hand. Pro Kopf der Bevölkerung mag sich am Bruttosozialprodukt nicht viel ändern. Die Firmen jedoch sind fein raus.

In Indien und Brasilien, ohnehin bereits sehr dynamische Schwellenländer, wird also weiterhin die Post abgehen, da dort die Bevölkerung rasant zunimmt. Infrastruktur- und Versorgungsunternehmen sind gefragt, ebenso wie Nahrungsmittel- und Agrokonzerne oder Versicherer und Immobiliengesellschaften. Die Liste ist unendlich lang. Du warst vielleicht noch nie in Indien oder Brasilien. Deshalb ist es für dich schwierig, dir von den Unternehmen dort ein Bild zu machen. Also überlasse die Auswahl ruhig den Profis. Mittlerweile findest du eine ganze Reihe von Indien- und Brasilienfonds auf dem Markt.

Trotz aller Unkenrufe zählen auch die Vereinigten Staaten von Amerika zu den Ländern mit großem Bevölkerungswachstum. Das liegt an der Zuwanderung, sei es aus Mexiko und anderen lateinamerikanischen Staaten, sei es durch die Greencard-Lotterie. Das Land bleibt interessant. Auch für Anleger, falls sie einige der gefährlichen Fallen geschickt vermeiden (siehe Kapitel: Minen made in USA, S. 98).

Auch die Schweiz ist ein klassisches Zuwanderungsland. Ein Viertel der Einwohner hat sogar einen ausländischen Pass. Das Land ist eine Willensnation. Wer leistungs„willig" ist, kann bleiben, egal welche Staatsangehörigkeit im Pass eingetragen ist. Die hohe Nachfrage nach Produkten und Dienstleistungen made in Switzerland verlangt nach qualifiziertem Personal. In der Folge wirkt die Zuwanderung als Multiplikator für Produktion und gleichzeitig Konsum. Das Bruttosozialprodukt steigt. Pro Einwohner gerechnet, ist es allerdings viel weniger gestiegen, ebenso wenig wie die Löhne. Dafür befinden sich die Unternehmen in ausgezeichneter wirtschaftlicher Verfassung.

# 17 Parken will gelernt sein
*Warte ab, bis sich der Markt beruhigt hat und kaufe in der Zwischenzeit Obligationen*

Manchmal ist es gut, an der Seitenlinie stehen zu bleiben. Dann nämlich, wenn nicht klar ist, wohin die Reise an den Börsen geht. Ein richtiger Crash an der Aktienbörse, wie wir ihn beispielsweise nach dem Terroranschlag auf das New Yorker World Trade Center am 11. September 2001 erlebt haben, kann Wochen, Monate, ja sogar Jahre dauern. Investoren sollten dann abwarten, bis sich an den Börsen ein gewisser Boden gebildet hat, um wieder in einen steigenden Markt zu investieren. Meist fallen die Kurse schnell, dann langsamer, und das leider mehrmals hintereinander, bis sich der Markt endlich beruhigt hat.

## Greife nicht in ein fallendes Messer.

Diese Börsenweisheit warnt ausdrücklich vor dem überhasteten Einstieg. In unklaren Zwischenperioden ist es sinnvoll, Geldreserven aufzubauen, um Aktien später günstig einsammeln zu können.

Das Geld dafür kann natürlich nicht unter der Matratze gelagert bleiben. Für ganz kurzfristige Bärenmärkte, so der Name für Märkte mit fallenden Kursen, eignet sich Tagesgeld oder Festgeld bei Banken. Für mittlere Durststrecken im Bereich von ein, zwei Jahren taugen Anleihen mit kurzer Fälligkeit. Beides bringt zwar eine eher bescheidene Rendite. Das ist aber immer noch um Vieles besser als das gute alte Sparbuch. Seit dem Zweiten Weltkrieg schlugen die Anleihezinsen fast immer die Inflationsrate. Damit stellst du sicher, dass dein Zinseszinskarussell sich trotz aller Vorsicht weiter dreht. Sollte dir dann eines Tages doch auf dem Karussell schwindlig werden, bleib ruhig. Geld allein macht nicht glücklich, aber es beruhigt den Magen und die Nerven.

# 18 Wasser ist das Gold der Zukunft
### Fließt wie Geld und wird immer wichtiger

Aus der Ferne betrachtet ist die Erde blau. Sie besteht nämlich zu zwei Dritteln aus Wasser und ist damit „der blaue Planet". Aber nur gut ein kleines Prozent der weltweiten Wasservorräte ist als Trinkwasser nutzbar. Der Rest ist verschmutzt, zu salzig oder hat sich im wahrsten Sinn des Wortes in Luft aufgelöst. Firmen, die sich um das kostbare Nass verdient machen, können also langfristig gutes Geld verdienen. Und davon kann auch der Anleger ordentlich profitieren.

Zahlreiche Trends spielen dabei den Wassermanagern die Bälle zu: eine stetig wachsende Weltbevölkerung, der Wunsch nach einem höheren Lebensstandard sowie die zunehmende Verstädterung und Industrialisierung. Wasser wird damit mehr und mehr zum kostbaren Gut, das man einerseits gar nicht so einfach bekommt, wie es den Anschein hat und um dessen Reinheit und Verfügbarkeit es andererseits gar nicht mal so gut bestellt ist. Wasser ist kostbar. Firmen, die sich um unser „blaues Gold" kümmern, sind auch krisensicher. Denn niemand wird es wagen, ihnen den „Hahn abzudrehen".

Ich denke insbesondere an Wasserversorger wie Suez Environnement und Veolia Environnement aus Frankreich, einem großen Land, wo die Bevölkerung und Landwirtschaft auf funktionierende Wasserverteilung angewiesen ist, oder die britische Severn Trent, die sich im Vereinigten Königreich um Wasserversorgung und die teils maroden Wasserleitungen verdient macht. Ganz zu schweigen von der indischen Jain Irrigation, die sich im heißen, zweitbevölkerungsreichsten Land der Erde um die Bewässerungssysteme kümmert. Auch die Schweizer Firma Sulzer ist ein sehr zukunftträchtiger „Wasserwert", denn sie ist Weltmarktführer bei Pumpen.

Viele Banken und Fondsgesellschaften bieten auch sogenannte Themenfonds rund ums Wasser an. Da wird das angelegte Geld und damit das Risiko breit gestreut unter Trinkwasserherstellern, Entsalzungsspezialisten, Abfüll-, Transport- und Speditionsunternehmen bis hin zu Betreibern von Reinigungsanlagen.

# 19 Im Einkauf liegt der Gewinn
*Ein solides Fundament lässt sich kaum mehr umstoßen*

Die Börse gleicht einem riesigen Supermarkt. In den Regalen kann man verschiedenste Mengen an Aktien zu den unterschiedlichsten Preisen kaufen, manche für weniger als einen Euro, Dollar oder Franken, andere für Abertausende Euros, Dollars oder Franken. Jeden Tag und jede Woche gibt es interessante Sonderangebote. Heute sind Brauereiaktien günstig zu haben, morgen bekommst du, klug einkaufender Anleger, vielleicht ein paar Bonusaktien zu deinem bereits bestehen Aktienpaket hinzu. Du musst nur wissen, was du willst. Wenn du von einer Anlage überzeugt bist, versuche, so günstig wie möglich an sie heranzukommen. Das ist bereits die halbe Miete. Während einer Einkaufstour kannst du aber auch mal etwas kaufen, was du gar nicht auf der Liste hattest, weil der Preis stimmt und du weißt, dass sich da gerade eine gute Gelegenheit auftut. Rein damit in deinen Einkaufskorb! Kommt ein schlagfertiger Verkäufer herbei und will dir unbedingt etwas aufschwatzen, was du partout nicht auf der Einkaufsliste hast, so lass ihn einfach stehen.

Du bist der Chef und nur du weißt, was du wirklich gebrauchen kannst.

Eines solltest du allerdings beachten. Lade deinen Einkaufskorb nicht mit zu vielen verschiedenen Artikeln voll, denn sonst verlierst du den Überblick. Wie bei einem vollen Eisschrank in deiner Küche wirst du sonst eines Tages etwas in der Ecke des Kühlschrankes vergessen haben, und dann ist es verfault. Es gibt Privatanleger, die 200 und mehr Wertpapierpositionen in ihrem Depot liegen haben. Selbst professionelle Fondsmanager von Banken und Versicherungen stoßen bei derartigem Umfang an ihre Grenzen.

## 20 Bild hat immer unrecht
*Heiße Börsentipps werden nicht in der Presse gehandelt*

Hand aufs Herz! Würdest du als cleverer Anleger einen heißen Börsentipp an jedermann weitergeben oder würdest du ihn nicht besser für dich behalten? Hüte dich daher vor den brandheißen, angeblich todsicheren Tipps. „Was an der Börse jeder weiß, macht mich nicht heiß", meinte dazu André Kostolany. Oft werden sie sogar von Investoren absichtlich gestreut, die damit ihre eigenen Papiere pushen wollen. Wer sein Aktienportfolio aufgrund von heißen Tipps aus der Analystengemeinde zusammenstellt, handelt sich nach einem Jahr ein Minus von 6,5 Prozent im Vergleich zum Durchschnitt ein, wie eine Studie der Uni Basel nachweisen konnte. Frei nach Kostolany:

## „Wenn überall, auf Partys, im Büro, ja sogar an der Bushaltestelle nur über Aktien gesprochen wird, dann ist der Börsenkrach nicht mehr weit."

Ein ähnlich verlässlicher Indikator sind auch Regenbogenpresse und Bildzeitung. Wenn dort groß über die Aktie des Jahres schwadroniert wird, ist höchste Vorsicht geboten, denn das sind dann meistens Titel, die schon eine Weile gelaufen sind oder mit denen sich bereits alle Anleger eingedeckt haben. Das lässt wenig Raum für weitere Kurssteigerungen. Mittlerweile ist der „Bildzeitungsindikator" sogar ein fester Begriff. Er bezeichnet ein marktpsychologisches Signal, das auf das baldige Eintreten einer Trendwende im Aktienmarkt hinweist und den möglichen Beginn einer Baisse oder aber auch einer Trendwende zur Hausse einläutet. Der Name spielt auf die Veröffentlichung reißerischer Schlagzeilen auf den Titelblättern der Boulevardpresse generell an. Während der Endphase einer Spekulationsblase werden weiterhin große Gewinnmöglichkeiten am Finanzmarkt versprochen. Aufgrund der hohen Auflage und Leserzahlen verstärkt die Presse das Herdenverhalten unter den Anlegern.

Besonders Ende des letzten Jahrtausends erwarb sich die Boulevardpresse als Mitverursacher der Spekulationsblase am Neuen Markt einen sehr zweifelhaften Ruf. Merke dir: „Wenn es in der Tagesschau kommt, dann ist es vorbei."

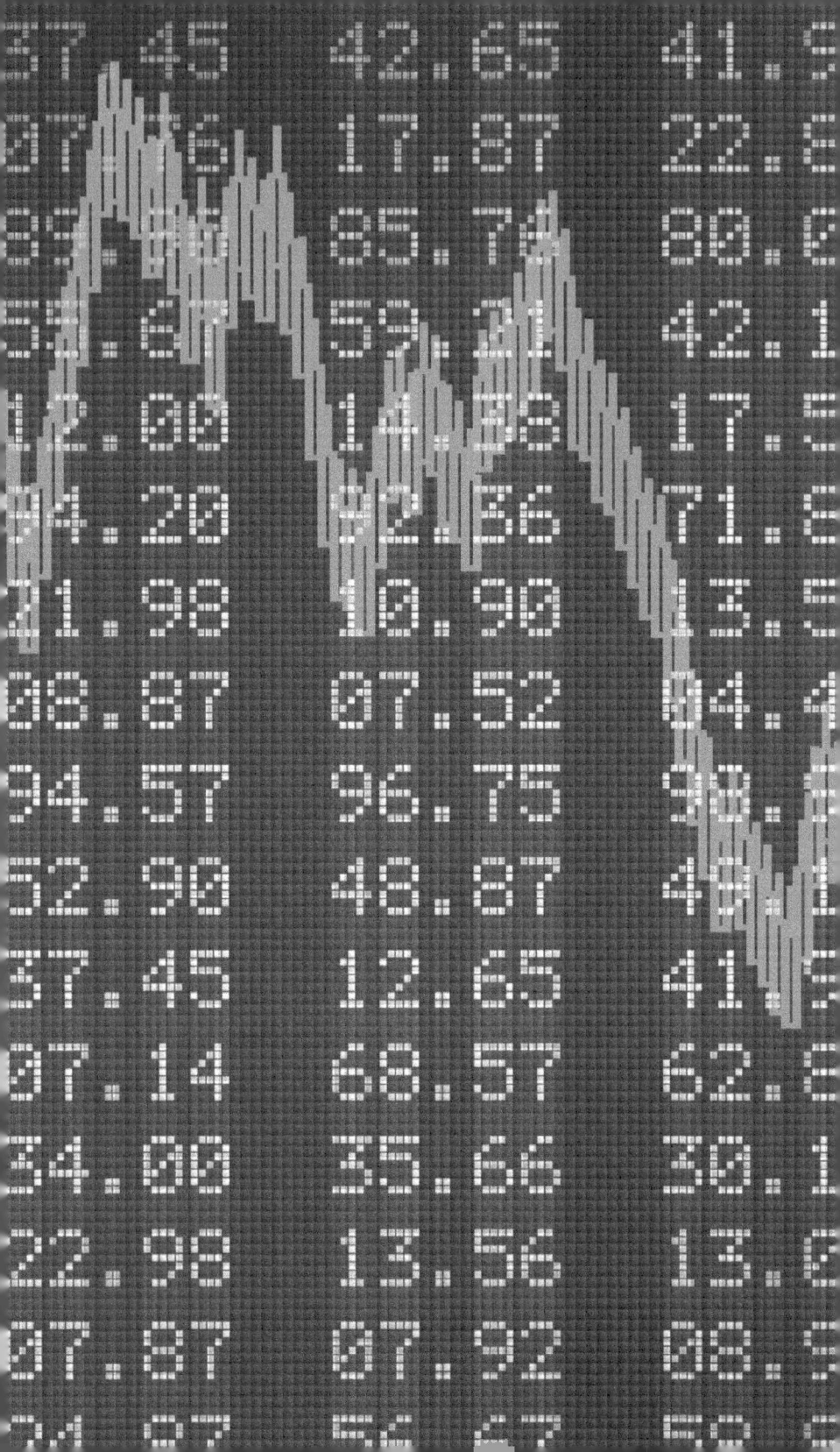

# Auf den Spuren der Profis

## 21 Über den eigenen Schatten springen
### Lerne auch, einmal Verluste zu ertragen

An der Börse ist die einzige Konstante die dauernde Veränderung. Einmal getroffene Entscheidungen können sich plötzlich als falsch herausstellen.

## „Ein Börsianer darf seine Wertpapiere nie im Verhältnis zum Einkaufspreis, sondern muss sie zum Tagespreis einschätzen",

bemerkte André Kostolany daher zu Recht. Fast alle Anleger tun sich aber schwer damit. Das liegt an der emotionalen Bindung eines Marktteilnehmers an seine Entscheidung. Sie sorgt dafür, dass Verlustengagements ausgesessen werden, bis der Einstandspreis wieder erreicht wird. Wer also eine Verlustaktie einst zu 50 Euro gekauft hat, wird im einfachsten Fall abwarten, bis der Kurs wieder auf 50 Euro gestiegen ist, um sich ohne Verlust von ihr trennen zu können. Ein psychologischer Vorteil dieses Verhaltens ist, dass der Anleger sich nicht eingestehen muss, voll daneben gelangt zu haben. Denn das wäre doch schlecht fürs Ego. Realisiert werden Verluste meist nur, wenn sie nicht mehr ertragen werden – wenn der Entscheider also vor den harten Fakten kapituliert. Meist ist dann alles zu spät. Das unsinnig im Verlustbringer gebundene Geld hätte schon seit Langem produktiv angelegt sein können. Diesen zusätzlichen Renditeverlust bezeichnet man auch als Opportunitätskosten, und die gilt es zu vermeiden.

Wenn du an der Börse erfolgreich sein willst, dann musst du dich von psychologischen Fesseln (siehe auch Kapitel: Eiskalter Engel, S. 101) befreien. Du brauchst nicht jeden Tag die Börsenkurse zu studieren. Aber von Zeit zu Zeit tut ein nüchterner, unvoreingenommener Blick auf das eigene Anlageportfolio gut. Dann darfst du ausmisten und dich von Schrottaktien trennen. Konzentriere dich doch lieber auf das nächste As, anstatt dich über den letzten Doppelfehler zu ärgern.

# 22 Zwitter ohne Zittern
*Wandelanleihen vereinen die Vorteile von Aktie und Obligation*

Es gibt Zeiten, da sind Aktienbörsen tatsächlich wahre Zitterbörsen, dann ist es durchaus legitim, langweilige Anleihen zu kaufen. Hier gibt es sogar ein hochinteressantes Zwitterwesen. Das ist die sogenannte Wandelanleihe. Eigentlich vereint der Wandler, auch bekannt als Wandelschuldverschreibung, Wandelobligation oder englisch Convertible, das Beste aus zwei Welten. Für den Kapitalschutz sorgt eine Anleihekomponente, für die Renditechancen eine an die Anleihe gekoppelte Option, nämlich das Wandelrecht zum Bezug von Aktien. Da dieses Wandelrecht außer bei Zwangswandelanleihen nicht ausgeübt werden muss, beschränkt sich das Verlustrisiko daher nur auf die Zahlungsfähigkeit des Emittenten und gegebenenfalls auf die Schwankungen der Zinsen am Anleihemarkt generell. Letzteres Risiko ist ohnehin unerheblich, wenn du, lieber Anleger, wie von mir empfohlen die Wandelanleihe erst einmal bis zum Rückzahlungstermin behalten möchtest.

Trotz dieser Vorteile wird die Anlageform des Wandlers selbst von Vermögensverwaltern kaum beachtet. Vor allem von den vielen Privatanlegern wird sie nur selten richtig genutzt. Berührungsängste und Verständnisprobleme mögen der Grund sein – oder auch simple Unkenntnis. Dabei hat die Konstruktion viele Vorteile. Durch die Ausgabe einer Wandelanleihe nimmt eine Firma Fremdkapital auf, das erst während oder am Ende der Laufzeit unter bestimmten im Voraus festgelegten Bedingungen in Aktien und damit Eigenkapital umgewandelt wird. Das stabilisiert von vornherein die Bilanz und damit den Aktienkurs und beschränkt das Konkursrisiko der emittierenden Firma ganz erheblich. Die Emission einer Wandelanleihe kann damit zu einer über einen längeren Zeitraum gestreckten, marktschonenden Aktienkapitalerhöhung werden. Die Firma wird auf jeden Fall flüssiger. Umgekehrt erhält der Käufer eine Teilhabe am Erfolg des Unternehmens mit gleichzeitigem Schutz vor größerem Risiko.

Besonders zu Zeiten fallender Börsenkurse erfreut sich der Zwitter unter den Anlageprodukten daher regeren Zuspruchs seitens ganz cleverer Anleger. Denn wird die Aktie des Unternehmens, das die Wandelanleihe herausgegeben hat, niedergeknüppelt, ist der Anleger immer noch mit seiner Obligation auf der sicheren Seite. Die Anleihe selbst wird ja konstant weiter verzinst und schützt den Wandelanleihekurs vor dem tiefen Fall, genau wie ein schöner weicher Teppichboden. Und sollte der Markt drehen, geht die Post ab. Denn in der Hausse lohnt sich plötzlich die Wandlung der Anleihe in Aktien, was in gar nicht so seltenen Fällen zu einer plötzlichen Kursexplosion der Wandelanleihe führt.

Oft werden Wandelobligationen vom Markt schlicht und einfach vergessen. Sie verharren im Dornröschenschlaf. Ihr Wandelrecht liegt dann im hohen zweistelligen oder gar dreistelligen Kurssteigerungsbereich in ferner und vielleicht unrealisierbarer Zukunft. Einige wenige Verkäufe von ausstiegswilligen Gläubigern genügen dann, um die Kurse nach unten zu drücken. Was bleibt ist eine Anleihekomponente mit ausgesprochen hohen Renditen. Da gilt es für clevere Anleger zuzugreifen. Denn nur allzu oft wird die Wandelanleihe urplötzlich wie Dornröschen wach geküsst.

# 23 Insider aufspüren und verfolgen
## *Als Werksspion tust du nichts Verbotenes*

Kaum jemand kennt seine Firma besser als der Chef. Wenn der also in großem Stil seine eigenen Aktien kauft, hat das sicher etwas zu bedeuten. Vielleicht wird er in einem Monat einen höheren Gewinn als erwartet verkünden? Oder weiß er sogar, dass sein Unternehmen für viel Geld den Besitzer wechseln wird? Auf alle Fälle signalisiert sein Kauf Vertrauen in das eigene Unternehmen. Wenn es schlecht mit diesem stünde, würde er wohl kaum sein privates Vermögen in die Waagschale werfen.

Verkauft der Chef Aktien der eigenen Firma, so kommt es vielleicht in einem halben Jahr zu einer Gewinnwarnung? Verkäufe von Firmenoberen können Warnsignale sein. Sie sind jedoch nicht ganz so verlässliche Anzeiger wie die Käufe. Es kann auch sein, dass der Chef gerade etwas Kleingeld braucht und sich deshalb von einer Million seiner 20 Millionen Firmenaktien trennt, oder dass er Optionen als Teil seiner Managementvergütung ausübt und verkauft, weil er nicht jeden Geldschein in seine eigene Firma investieren will.

Zukäufe von Insidern sind jedoch in aller Regel ein Vertrauensbeweis. Ein Insider ist jemand, der eine eventuell kursbeeinflussende Nachricht aus einem Unternehmen früher als die Masse der übrigen Anteilseigner und Marktteilnehmer erhält. Wer als Insider sein Wissen über die Börse zu Geld machen will, läuft immer Gefahr, strafrechtlich belangt zu werden. Wertpapiergeschäfte, die geeignet sind, einem Insider wirtschaftliche Vorteile zuzuschanzen, sind seit einigen Jahren strafbar. Zu den Insidern zählen neben dem Geschäftsführer auch der Finanzchef und die Mitglieder der Aufsichtsgremien eines Unternehmens, also auch die Mitglieder von Verwaltungs- oder Aufsichtsrat. Du als cleverer Anleger zählst nicht dazu. Aber es ist für dich nicht verboten, dich über Insiderkäufe zu informieren und damit völlig legal zum Trittbrettfahrer zu werden, um so ein Geldschnäppchen zu machen.

Wie das geht? Nun, Aktiengesellschaften müssen Insidertransaktionen melden. Daher erfährst du sie entweder in sogenannten

Ad-hoc-Meldungen der einzelnen Unternehmen oder Börsenplätze. Auf den Webseiten vieler Internetbroker findest du ebenfalls Informationen zu Handelsaktivitäten des Managements. Besonders bequem geht es in der Schweiz. An der SIX, der Börse in Zürich, kannst du einfach unter www.sixswissexchange.com/news/notifications/management_transactions_de.html ganz genau nachschauen, wer wo in letzter Zeit wie viele eigene Aktien verkauft oder gekauft hat. Dazu gibst du, lieber Aktiendetektiv, in einer Suchmaske einfach den Namen der Aktie und den Zeitraum, den du nachschnüffeln willst, ein.

Studien zeigen, dass Anleger, die konsequent die Käufe von Managern nachäffen, eine Mehrrendite von 2 Prozent erzielen. Pro Jahr natürlich.

# 24 Gleich weg damit Ⓓ Ⓐ
*Bezugsrechte immer verkaufen*

Die deutsche Abgeltungssteuer oder österreichische Kapitalertrags-steuer (KESt.) sind Giftpillen, die ihre Wirkung bei Kapitalerhöhungen voll entfalten.

Bei einer Kapitalerhöhung kann der Anleger zu seinen alten Aktien günstigere junge Aktien hinzukaufen. Damit schießt er frisches Geld in das Unternehmen ein, sein prozentualer Anteil am Unternehmen bleibt dabei aber unverändert. Er erzielt also faktisch gar keinen echten Vorteil daraus. Die Kapitalerhöhung als ausgezeichnetes Mittel, frisches Geld in bilanzgeschwächte Firmen einzuschießen, verkommt für den Anleger allerdings zum steuertechnischen Spießrutenlauf.

Seit Einführung der Abgeltungssteuer gilt nämlich: Erhält ein Aktionär im Rahmen einer Kapitalerhöhung Bezugsrechte ins Depot gebucht und verkauft er diese über die Börse, ist der Verkaufserlös abgeltungssteuerpflichtig, falls die Altanteile nach dem 31. Dezember 2008 angeschafft wurden. Lagen die Altanteile bereits vor 2009 im Depot, sind spätere Bezugsrechtserlöse (außerhalb einer einjährigen Spekulationsfrist, die es sei Jahrzehnten immer noch gibt) steuerfrei. Für Österreich gelten sinngemäß dieselben Regeln betreffend KESt., jedoch erst ab 2011.

Übt ein Altaktionär im Rahmen einer Kapitalerhöhung sein Bezugsrecht aus und kauft junge Aktien des Unternehmens, gelten diese als zu diesem Zeitpunkt angeschafft. Für die im Rahmen der Kapitalerhöhung bezogenen jungen Aktien gilt definitiv das neue Recht der Abgeltungsteuer unabhängig vom Zeitpunkt des Kaufs der Altaktien. Somit sind Kursgewinne seit 2009 in Deutschland zeitlich unbefristet steuerpflichtig. Um junge und alte Aktien nicht miteinander zu vermengen, empfehlen viele Banken ein Zweitdepot.

Dass eine überkomplizierte Steuervorschrift zu derartig überflüssig anstrengenden Bürokratismen zwingt, ist bereits schwer nachvollziehbar. Vollkommen wirr und ungerecht ist aber die steuerliche

Behandlung der jungen Aktien. Für den deutschen Altaktionär mit Beständen von vor 2009 bedeutet ein Mitziehen bei der Kapitalerhöhung lediglich, dass er seinen Anteil am Unternehmen konstant hält. Dafür wird er aber vom Fiskus mit einer teilweisen Wandlung seiner steuerfreien (alten) Anteilscheine in abgeltungssteuerpflichtige Jung-Aktien bestraft.

Als kluger Anleger solltest du dieses grausame Spiel nicht mitmachen und deine Bezugsrechte immer verkaufen. Denn als Altaktionär sind die Verkaufserlöse ja für dich steuerfrei, falls du die Altaktien in Deutschland vor 2009 gekauft hast. Hast du sie nach dem 31.12. 2008 gekauft, solltest du die Bezugsrechte ebenfalls verkaufen. Denn durch die Kapitalerhöhung werden dir Aktien zu einem Rabatt eingebucht, den du über die Kapitalverdünnung durch die Ausgabe der neuen Aktien indirekt selbst bezahlst. Später aber wirst du, wenn die jetzt optisch billigen Aktien zu alter Kurshöhe zurückfinden, ordentlich per Abgeltungssteuer zur Kasse gebeten, obwohl deine Aktien ja eigentlich nur den Abschlag der Kapitalmaßnahme aufgeholt haben.

# 25 Auf den richtigen Riecher kommt es an
*Es gibt Firmen, die haben die Nase einfach im Wind*

Milliardäre sind immer auch Großinvestoren. Solche Leute haben oft langfristig einen sehr guten Riecher für Börsengeschäfte, und es kann sich durchaus lohnen, es ihnen nachzumachen. Kaum hatte sich der Microsoft-Gründer und Multimilliardär Bill Gates beim Geschmack- und Riechstoffspezialisten Givaudan als Großaktionär geoutet, stieg die Aktie um über die Hälfte an. Die Aromen von Givaudan aus der Rhônestadt Genf finden vor allem in den Schwellenländern reißenden Absatz. Firmen wie Givaudan sind hoch spezialisierte Unternehmen, an denen kaum ein Lebensmittel- oder Parfumfabrikant vorbeikommt, da letztere auf langjährig sichere Lieferungen angewiesen sind. Man stelle sich vor, die wichtige Kopfnote eines erfolgreichen Aftershaves müsste plötzlich ersetzt werden! Das ist undenkbar für einen Markenartikel.

Heutzutage verkaufen sich Produkte mit allen Sinnen. Die Produzenten und Konsumenten werden gleichermaßen immer anspruchsvoller. Darum sind Wachstumsraten von rund fünf Prozent für Großlieferanten von Duft- und Aromastoffen normal. Neben der nicht an der Börse kotierten und ebenfalls an der Rhône gelegenen privaten Firma Firmenich gehört die US-amerikanische IFF (International Flavors and Fragrances) zu den Großen der Branche. Sie hat ihren Sitz in New York City. Auch Deutschland kann auf einen großen Aroma- und Riechstoffspezialisten zählen. Die Aktien von Symrise aus Holzminden wirken vielleicht etwas provinzieller, werden aber an den wichtigsten deutschen Börsenplätzen gehandelt. Die Firma stellt von Inhaltsstoffen für Sonnencremes bis Haarshampoos, für Zahnpasta bis Kaugummis, buchstäblich alles her, verkauft rund 30000 Produkte in über 150 Länder der Erde. Das traditionsreiche Unternehmen ging erst 2006 an die Börse und hat eine dufte Zukunft vor sich, allein schon weil es über 10 Prozent seines Umsatzes wieder in Forschung und Entwicklung steckt.

Die Hürden für den Markteintritt ins Geschäft mit Riech- und Aromastoffen sind extrem hoch. Neben Zehntausenden von Rohstoffen allein für die Produktion braucht es vor allem die Erfahrung, diese gescheit zusammenzumischen. Im Einkauf arbeiten Givaudan und Co. mit zahllosen Lieferanten vom Kleinbauern bis zur Großkooperative zusammen. Neueinsteiger in diesen Markt bräuchten Jahre, um solche vernetzten Strukturen aufzubauen. Deshalb beherrschen die genannten vier Firmen weit über die Hälfte des Weltmarkts. Dies tun sie seit vielen Jahren, und keiner wird sie so schnell verdrängen.

# 26 Politische Börsen haben meist kurze Beine
*Kurskorrekturen zum Einstieg nutzen*

Politische Ereignisse vermögen die Aktienkurse jeweils nur für eine kurze Zeit zu beeinflussen. Im Rückblick trifft dies tatsächlich in den meisten Fällen zu. Klassisches Beispiel sind die immer wieder aufflackernden Kriegsängste in Palästina. Die Kurskorrektur an den weltweiten Aktienmärkten hält dann nur wenige Tage an. Selbst wenn die Krise weiter schwelt und nicht gelöst ist, setzen die Aktien schon bald wieder ihren Aufwärtstrend fort und lassen sich von weiteren Nachrichten aus dem betroffenen Krisengebiet nicht mehr groß aufschrecken.

Warum verhalten sich die Börsen so? Anleger tendieren dazu, auf schlechte Nachrichten viel zu stark zu reagieren. Nach kurzer Zeit stellen sie dann aber fest, dass alles gar nicht so heiß gegessen wie gekocht wird, und die Märkte korrigieren wieder nach oben. Daher bieten politisch motivierte kurzfristige Markteinbrüche hervorragende Einstiegsmöglichkeiten. Die Verwerfungen, die auf eine politische Krise erfolgen, sollten nicht zu Verkäufen, sondern zu Käufen auf etwas niedrigerem Niveau genutzt werden. Am Ende der Quartale, Semester oder Jahre sind es die Gewinnaussichten der Unternehmen, die neben dem Zinsniveau den bedeutendsten und nachhaltigsten Einfluss auf die Aktienkurse haben und nicht das Hin und Her der Politik.

Politische Krisen haben selten einen negativen Einfluss auf die Unternehmensgewinne. Als Aktionär muss man sie genau wie so mancher Politiker einfach nur aussitzen oder für Zukäufe nutzen. Eine der letzten wirklich schwerwiegenden politischen Krisen war die Ölkrise im Gefolge des Jom-Kippur-Krieges 1973. Damals griffen die Länder des Ölförderkartells OPEC in den Krieg zwischen Israel und hauptsächlich Syrien/Ägypten ein, indem sie ihre Ölförderraten kürzten. Damit wollten sie die westlichen Unterstützerstaaten Israels treffen. Von Oktober bis Dezember 1973 sank die Tagesförderung in den arabischen Staaten von 20,8 auf 16,4 Millionen Barrel Rohöl. Der

Wirtschaft wurde tatsächlich der Saft abgedreht, mit der Folge, dass allein in Deutschland der Autoabsatz um ein Viertel einbrach. Dafür stieg der Fahrradverkauf um 25 Prozent. Aber kaum jemand hatte vor der Ölkrise auf die Fahrradindustrie gesetzt.

## 27 Phantomsteuern ausnutzen Ⓓ
*Es gibt nur noch wenige Geschenke von Papa Staat.*
*Bei diesem solltest du zugreifen*

Jeder brave Steuerzahler träumt davon, dass seine Steuerlast bloß eine Einbildung sei. Doch leider ist die Realität eine ganz, ganz andere. Jahr für Jahr holt sich der Staat in Deutschland und in Österreich mindestens ein Viertel der Kapitalerträge. Zur Kapitalertragssteuer werden in Deutschland auch noch der Solidaritätszuschlag und wo fällig auch noch die Kirchensteuer oben drauf gepackt. Das geht ins Geld. In Deutschland sind da schon mal schnell bis zu 30 Prozent weg. Klar, dass da vom Ersparten auf den Konten fast gar nichts mehr übrig bleibt. Die mickrigen Zinsen werden noch mickriger und tendieren gegen Null. Und Anleihen, die früher einmal locker 5, ja 10 Prozent Zins abwarfen, die gibt es schon lange nicht mehr. Anleihen von guten Schuldnern – also von Firmen oder Staaten, die kaum pleitegehen können – werfen nur ein einziges Prozentchen Zins ab. Abzüglich der Steuern bleibt dir, lieber Anleger, gerade einmal 0,7 Prozent. Das ist deutlich zu wenig zum Leben, und dafür lohnt es sich nicht einmal, zur Maus-Taste oder zum Telefonhörer zu greifen und deinen Anlageberater zu nerven.

Mittlerweile werfen selbst die Anleihen Portugals, dem Eurokrisenland, das mehr schlecht als recht der Staatspleite entronnen ist, kaum 4 Prozent ab. Nach dem Soli und allen Abzügen macht das noch müde 2,8 Prozent. Ein schlechter Witz, denkst du zu Recht. Aber der Finanzminister hat noch eine Hintertür offen gelassen. Das sind die Anleihen mit fiktiver Quellensteuer. Die hat man sich ausgedacht, um Schwellenländer zu fördern. Eine Art Entwicklungshilfe sozusagen. Und die läuft so: Deutschland hat mit einigen Staaten besondere Doppelbesteuerungsabkommen (abgekürzt DBA) geschlossen, die als Bonbon für deutsche Kapitalanleger die Anrechnung fiktiver Quellensteuern auf Aktien und Anleihen vorsehen. Mit dieser „Phantomsteuer" können Anleger ihre fällige Abgeltungslast massiv senken. Und nebenher können sie damit auch noch etwas Gutes für die Entwicklungshilfe tun. Wird eine Auslandsanleihe mit einer fiktiven Quellensteuer in einem inländischen Depot verwahrt, erhält der Anleger ohne jeden Aufwand von der eigenen Depotbank die Phantomsteuer als reale Steuergutschrift zurück. Die Bank verrechnet die fiktive Quellensteuer automatisch bei Fälligkeit des Zins-Coupons mit der deutschen Abgeltungssteuer. Gleiches gilt übrigens auch für Dividenden.

Leider gibt es nur noch wenige Länder, für welche die Bundesrepublik fiktive Quellensteuern zurückerstattet. Portugal und der Türkei wurden vor Kurzem diese Steuerprivilegien gekündigt. Aber in Südamerika wird der Anleger noch fündig. Da ist beispielsweise Argentinien, wo der Anleger neben dem hohen Zins-Coupon von bis zu 10 Prozent auch noch eine 15-prozentige Steuergutschrift mitnehmen kann. Mit anderen Worten: Du musst als deutscher Anleger statt 25 Prozent nur 10 Prozent von deinen Zinsen an deinen Staat abliefern.

Wenn du jetzt denkst, dass Argentinien ein heißes Pflaster ist, nun, sei versichert: Die Staatsverschuldung pro Kopf liegt dort tiefer als in Good Old Germany. Während sie in Deutschland rund 80 Prozent vom Bruttosozialprodukt beträgt, ist sie in Argentinien nur gut halb so hoch. Deutschland hat weit über 2 Billionen Euro Schulden. Argentinien weniger als 200 Milliarden.

Ein Beispiel: Ein Anleger kassiert am 15. Mai 2015 aus der 4-Prozent-Anleihe der Provinz Buenos Aires (ISIN-Kennnummer: XS0234082872) einen Bruttozinsertrag von umgerechnet 1000 Euro. Darauf werden rein theoretisch 25 Prozent oder 250 Euro deutsche Abgeltungsteuer fällig. Die inländische Depotbank rechnet aber bei Zinsgutschrift gleich 15 Prozent oder 150 Euro fiktiver Quellensteuer gegen und reduziert den effektiven Steuerabzug damit auf nur noch 10 Prozent (25 Prozent Abgeltungsteuer minus 15 Prozent fiktive argentinische Quellensteuer). Ausbezahlt werden dem Anleger also 900 Euro.

Damit bleibt fast der gesamte Zinsertrag steuerfrei. Der Fiskus geht mit nur 100 Euro Steuern nahezu leer aus. Aber es kommt noch besser. Da die Buenos-Aires-Anleihe nur zu etwa 50 Prozent ihres Ausgabewertes notiert, entspricht die Zinszahlung von 4 Prozent eigentlich

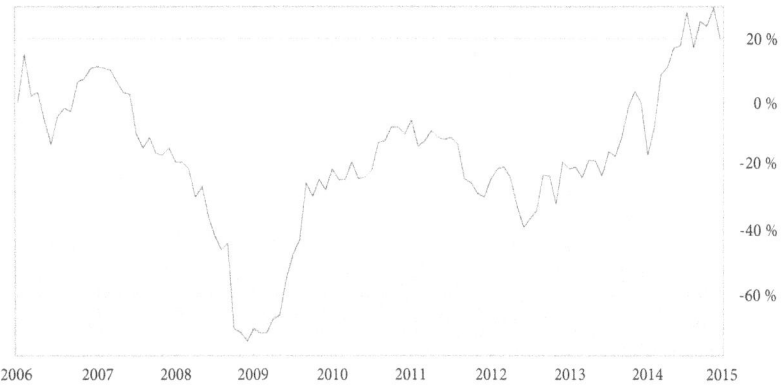

Nichts für schwache Nerven.
Der Kursverlauf der Buenos Aires-Anleihe XS0234082872

genaugenommen dem Doppelten – nämlich 8 Prozent. Zurückgezahlt wird die Anleihe übrigens zu 100 Prozent ihres Nennwerts.

Wem der Pampastaat dennoch ein allzu unzuverlässiger Anlagepartner ist (denn immerhin legte das Land zum Jahreswechsel 2001/2002 die größte Staatspleite der Geschichte aufs Parkett und immer wieder kommt es zum Zwist mit amerikanischen Hedge-Fonds), der kann sich an den östlichen Nachbarn halten. Uruguay, wegen seiner politischen und wirtschaftlichen Stabilität auch „Schweiz Südamerikas" genannt, lockt sogar mit 20 Prozent fiktiver Quellensteuer. In diesem Falle muss der deutsche Anleger nur noch 5 Prozent ans Finanzamt abführen.

Wer von der Phantomsteuer profitieren will, der sollte jedoch unbedingt den Coupontermin, also den Moment der Zinszahlung, abwarten. Denn Laufzinsen, die bei einem Verkauf vorm Termin anfallen, werden ohne Rücksicht auf Verluste, also ohne Anrechnung einer Gutschrift in Form fiktiver Quellensteuer, um den vollen Abgeltungssteuersatz gekürzt.

## 28 Im November kaufen
*Kalenderweisheiten müssen neu geschrieben werden*

„Sell in May and go away" ist eine alte angelsächsische Börsenregel, die wohl eher wegen ihres Reimes erfunden wurde. Denn wer sie in den letzten Jahren beherzigte, der hat so manche Hausse versäumt. „Im Mai verkaufen und in Ferien gehen" war wohl als Devise gedacht, weil die Sommerferien vor der Tür standen und man annahm, es würde sich zwischen Juni und August an der Börse nicht mehr viel tun. Manchmal ist aber genau das Gegenteil der Fall. Heutzutage wird 365 Tage im Jahr und rund um die Uhr an den Weltbörsen gehandelt. Kaum neigt sich der Handelstag an den europäischen Börsen dem Ende entgegen, schauen alle Augen auf die Wall Street. Ist die zu, kommen die Asiaten aufs Parkett.

Die Handelsaktivitäten sinken tatsächlich etwas im Hochsommer auf der Nordhalbkugel, die Kursausschläge bleiben jedoch. Und zwar nach oben und nach unten. Ein klares saisonales Muster ist hingegen verbürgt: Das ist nicht die Regel vom Mai, an dem sich der Anleger zurückziehen sollte, sondern die Regel vom Königsmonat Januar. Tatsächlich zeigen langfristige Statistiken, dass der erste Monat im Jahr meist klare Kursgewinne beschert. Woran das wohl liegt?

Im Januar gehen die Anleger in Position. Da an der Börse investiert, wer auf steigende Kurse hofft, gibt es im Januar mehr Käufer als Verkäufer. Das wirkt sich positiv auf die Marktstimmung aus. Auch Weihnachten ist mit schuld daran, dass der Januar statistisch gesehen ein sehr guter Börsenmonat ist. Die Geldgeschenke sind gemacht, sowohl von Eltern, Onkeln und Tanten als auch von den Firmen in Form des dreizehnten, manchmal vierzehnten Monatsgehaltes. Nachdem die Weihnachtsgans verdaut ist, liegt plötzlich zu viel Bares auf dem Konto herum, das eine Anlagemöglichkeit sucht. Ein Teil davon fließt in Wertpapiere.

Wenn du von einem guten Börsenjanuar profitieren willst, solltest du bereits im November Aktien kaufen. Dann bist du als einer der ersten dabei. Viele Anleger kaufen nämlich bereits gegen Ende Dezember Aktien, weil sie auf die von allen Journalisten gebetsmühlenhaft herbeigeschriebene „Jahresendrally" hoffen. Diese fällt dann meistens viel zahmer aus als erhofft. Aber da auch die Banken und die ihnen angegliederten Fondsgesellschaften an einem guten Abschluss des Börsenjahres interessiert sind, damit ihre Fonds eine exzellente Jahresbilanz auf ihren Werbebroschüren vorweisen können, ist auch der Dezember zum Schluss ein ganz guter Börsenmonat. Fondsgesellschaften betreiben nämlich zu bestimmten Stichtagen im Jahr Kurspflege. Der graue Monat November ist also der ideale Zeitpunkt, um aussichtsreiche Börsengeschäfte in die Wege zu leiten.

**Der Oktober ist einer der besonders gefährlichen Monate, um in Aktien zu spekulieren. Die anderen gefährlichen Monate sind Juli, Januar, September, April, November, Mai, März, Juni, Dezember, August und Februar.**

(Mark Twain)

# 29 Versicherungen sind die besseren Banken
*Lieber Axa als Allied Irish Banks*

Damit ist nicht etwa gemeint, dass du als kluger Anleger jetzt plötzlich dein Geld von der Bank zur Versicherung tragen sollst, sondern es handelt sich um ein Loblied auf die Versicherungsaktien. Versicherungen haben ein bombensicheres Geschäftsmodell. Sie nehmen erst einmal viel Geld durch die Prämien ein. Jahre später (und wenn überhaupt) zahlen sie es dann den Versicherten zurück, sei es, um einen Schaden zu regulieren oder als Lebensversicherung. Was sie so über die Jahre eingenommen haben, geben sie am Schluss nur zum Teil an den Kunden weiter. Das ist durchaus in Ordnung, denn der Kunde hat dafür ja die Sicherheit, dass er selbst bei einem Millionenschaden nicht im Stich gelassen wird. Andererseits gibt das Versicherungsunternehmen im Endeffekt weniger aus als es einnimmt.

Aber es kommt noch besser. Das Prämiengeld der Versicherten lässt die Versicherung nicht etwa tot rumliegen. Nein, sie legt es an. Das meiste davon geht an die Börse. Die Versicherung kauft viele Aktien und Anleihen und vermehrt fleißig die Kundengelder, noch bevor sie irgendwann wieder zurückfließen. Somit profitiert das Versicherungsunternehmen gleich doppelt. Es macht im eigentlichen Versicherungsgeschäft viel Geld und dann noch zusätzlich als Anlagegesellschaft. Damit geht es der Versicherung besser als jeder Bank. Die kann zwar auch mit eingenommenem Geld spekulieren, aber nicht in gleichem Maß. Außerdem haben es Banken seit der Finanzkrise sehr schwer. Sie müssen Unmengen an bürokratischen Auflagen erfüllen, wofür sie teure Softwareprogramme und viel Personal benötigen. Gleichzeitig schaut ihnen der Gesetzgeber immer strenger auf die Finger. Vor allem amerikanische Anwälte haben wieder einmal eine neue Geldquelle entdeckt: Sie überziehen bedeutende Banken mit Milliardenklagen und zwingen sie zu teuren Vergleichen.

Banking ist heutzutage riskant und undankbar. Das Versicherungsgeschäft jedoch bleibt nach wie vor sicher, weshalb du als langfristig orientierter Anleger in Versicherungsaktien investieren solltest.

Denn wenn du das tust, kaufst du eigentlich nichts anderes als einen professionell geführten Fonds, bestehend aus allerlei Anleihen, Aktien und Immobilien. Das gut und sicher laufende eigentliche Versicherungsgeschäft bekommst du meist gratis dazu.

## 30 Börsenneulinge zeichnen und auch gleich wieder verkaufen

*Altaktionäre und Investmentbanken werden Kasse machen: Komm ihnen besser zuvor*

Einer der verlässlichsten Börsenindikatoren sind Neuzulassungen. Je mehr Jungunternehmen sich an die Börse wagen, desto reifer ist der Markt, desto größer ist die Wahrscheinlichkeit, dass die Stimmung bald kippt. Standardwerte sind ab der Mitte eines Börsenzyklus teuer geworden, also suchen die Anleger Ersatz, wo es nur geht. Da sind zuerst einmal die kleinen und mittelgroßen Unternehmen (siehe auch unter dem Titel: Auf die Nachzügler setzen, S. 100). Hernach wagen es die Anleger auch, relativ unbekannte Neuunternehmen beim Börsengang zu „zeichnen". In der Baisse traut sich nichts und niemand an die Börse. In der Hausse alles und jeder.

Bei Börsenneulingen muss der Anleger vorsichtig sein. Wer von Beginn an dabei ist, profitiert von den Nachkäufen der Investoren, die zu kurz gekommen waren und so die Kurse in der Startphase in die Höhe treiben. Je mehr sich dann die Nachrichten häufen, dass in Aussicht gestellte Ertragszahlen nicht das Papier wert sind, auf dem sie gedruckt wurden, desto steiler stürzen die Titel später ab. Der Kauf von Neuemissionen ist immer ein Minenfeld. Für private Investoren ist es fast unmöglich, im Umfeld eines Börsenganges eine gute Investitionsmöglichkeit von spekulativen Zufallstreffern zu unterscheiden.

Bei IPOs, wie man die Erstzulassungen an der Börse auch abgekürzt nennt, wollen oft die langjährigen Besitzer oder Investoren, allen voran die Investmentbanken, ihre Aufbauarbeit zu Geld machen. Das ist verständlich, denn schließlich scheitern die meisten Jungunternehmen bereits lange bevor sie überhaupt eine Chance bekommen, je das Licht der Börse zu erblicken. Darum sind Banken und Investoren daran interessiert, an den wenigen Börsenneulingen möglichst viel Geld zu verdienen. Entsprechend anspruchsvoll sind die Preise, die bei Börsengängen verlangt werden. Da aber Neuemissionen, wie man die Erstlinge an der Börse auch nennt, bei Anlegern, die den Anfang einer Börsenhausse verpasst haben, begehrt sind, lassen sich dennoch schöne Gewinne machen. Oft laufen die Neulinge auch noch eine Weile ganz gut an der Börse, weil die Banken, welche die Jungfirmen dorthin gebracht haben, aus Imagegründen noch eine Zeit lang Kurspflege betreiben. Doch nach ein, zwei Jahren wendet sich das Blatt sehr häufig, wie die Statistiken eindeutig zeigen. Gewinne bei Börsengängen sollten also lieber schnell in trockene Tücher gebracht werden.

Die IPO-Wellen kann und darf man reiten. Wie beim klassischen Surfen muss man aber wissen, wann eine Welle bricht.

# 31 Private Equity auch für Privatanleger

*Die Geldmaschine, an der sich auch Privatanleger beteiligen können*

Sehr viel Geld lässt sich mit noch unreifen Unternehmen verdienen. Denn die haben das größte Potenzial. Nur stellt sich die Frage: Wie kommt man an sie heran? An der Börse gibt es sie ja noch nicht. Solche Firmen werden „Private Equity" genannt. Sie sind privat, nicht öffentlich zu haben. Anteile an ihnen werden unter der Hand gehandelt. Spezialisten für Unternehmensfinanzierung, Management und Innovation tauschen sie untereinander aus. Sie setzen auch die Preise fest. Zu dieser eigenen Welt hast du, lieber Privatanleger, keinen direkten Zugang. Schade, denn die in diesem Geschäft erzielten Renditen sind zweistellig.

Indirekt kannst du dich dennoch beteiligen und zwar über sogenannte Private Equity Investmentgesellschaften. Das sind Firmen, die ähnlich wie ein Fonds funktionieren. Sie halten Beteiligungen an nicht öffentlich gehandelten interessanten Unternehmen und sind selbst an einer Börse notiert. Dadurch kannst du diese Beteiligungsgesellschaften wie eine Aktie kaufen und verkaufen. Private Equity Investmentgesellschaften machen eine illiquide Anlageklasse für jedermann zugänglich. Das hat mit mindestens rund zwei Prozent Managementgebühren seinen Preis. Es gibt sogar Private Equity Gesellschaften, die vier und mehr Prozent pro Jahr für ihre Arbeit verlangen, die ja hauptsächlich nur im Auswählen der richtigen Firmen besteht. Aber dennoch lohnt sich ein Mitmachen.

Oft werden die Private Equity Investmentgesellschaften mit einem satten Rabatt zum addierten Wert der von ihnen gehaltenen Firmen gehandelt, weil die Anleger ihnen nicht so recht über den Weg trauen. Die Angst ist jedoch unbegründet. Denn die von ihnen gehaltenen Beteiligungen sind werthaltig. Ein Abschlag von 35 oder mehr Prozentpunkten zum inneren Wert dieser Gesellschaften ist daher nicht gerechtfertigt. Wenn du Aktien einer dieser Beteiligungsfirmen wie Private Equity Holding, HBM Healthcare Investments,

Shape Capital, Castle Private Equity oder Absolute Private Equity zu solchen Ausverkaufspreisen ergattern kannst, hast du schon mal ein großes Sicherheitspolster gegen allfällige Kursverluste. Es gab zwar Zeiten, wo die Börse diese Investmentgesellschaften gar nur mit der Hälfte ihres ausgewiesenen Wertes handelte, aber während einer Aktienhausse nähern sie sich dann wieder ihrem wahren Wert. Den wahren Wert bezeichnet man übrigens auch als Nettoinventarwert oder inneren Wert. Wie heißt es doch so schön:

## Auf die inneren Werte kommt es an.

## 32 Mit Holz auf dem Holzweg
*Wald ist etwas Schönes. Nur nicht an der Börse*

Holz – das ist der Stoff, mit dem findige Aktienverticker die Leute locken. Investieren, etwas Gutes für die Umwelt tun und gleichzeitig Geld verdienen – das wird laut propagiert. Mit der anhaltenden Diskussion um die Auswirkungen des Klimawandels haben Holzaktien und Holzfonds auf den Märkten Konjunktur, und Waldbesitz gilt als modernes, zukunftsträchtiges Investment. Ethikfonds lieben Holzinvestments ganz besonders.

Nicht zuletzt dank des zunehmenden Wohlstandes in den bauwütigen Schwellenländern sei langfristig damit zu rechnen, dass die Nachfrage das naturbedingt nur langsam nachwachsende Angebot übersteigt. Da sieht der Anleger vor seinem geistigen Auge schon die Scharen chinesischer Hausbesitzer, die in Shanghai, Hongkong und Peking die Ikea-Filialen stürmen. Aber ausgerechnet im Reich der Mitte kam es zu den dicksten Aktienskandalen. Sino-Forest und China Forestry, Waldexploratoren in China, hatten wohl vor lauter Wald die Bäume nicht gesehen oder besser: Sie hatten die Bäume falsch gezählt. Von Millionen gemanagten Hektaren lag so einiges nur als unbrauchbares Krummholz am Boden. Sino-Forest hatte noch zu Beginn des Jahrzehnts den stolzen Börsenwert von rund 5 Milliarden Dollar. Davon ist nichts mehr übrig. Die Firma hat mittlerweile Bankrott angemeldet. Nicht viel besser ging es China Forestry. Getürkte Baumzahlen und gefälschte Verträge durch den Chef persönlich brachten diesen in Haft und die Firma ins Schlingern. Sie besteht jetzt noch im Wesentlichen aus einem Holzwerk in der Inneren Mongolei – weit weg vom Heimatland.

Auch in der seriösen Schweiz tat sich mit Precious Woods ein Holzinvestor schwer. Er arbeitet durchaus seriös, hat sich aber mittlerweile von der Börse zurückgezogen und kämpft in den fernen Tropen verzweifelt um Rendite aus Bäumen. Meist wird dabei aber Verlust geschrieben, denn das Geschäft ist im wahrsten Sinn des Wortes harzig.

Groß sind in den Ländern, wo das Holz wächst und geerntet wird, die rechtlichen Risiken. Viele Waldgebiete liegen in Ländern mit wackligem Rechtsstaat. In der Tiefe der Wälder herrschen eigene Gesetze. Das größte Problem liegt in der Bewertung. Ein Baum und der von ihm zu erwartende Ertrag lässt sich nicht vernünftig messen – nur schätzen. Vom Setzling bis zur Ernte dauert es schon mal zwanzig Jahre. Ist der Schätzer nicht seriös und nur an kurzfristigem Profit interessiert, wird er alles, was ihm unter die Nase kommt, schön rechnen und Süßholz raspeln. Holzaktien sind keine Renditewunder, sondern leicht entflammbares Material. Sie können sich schnell in Rauch auflösen.

Der Chef von  China Forestry hat sich übrigens kurz vorm großen Bilanzskandal von einem üppigen Aktienpaket seiner eigenen Firma getrennt. Darauf angesprochen gab er vor, er wolle in Kupfer investieren. Merke: Bei reinen Metallen gibt es keine Probleme mit der Bewertung, sie lassen sich leicht abwiegen und ihr Preis wird täglich an den Rohstoffbörsen ermittelt.

## 33 Verfüge nie über Geld, das du noch nicht hast
*Optionen, CFDs und andere Derivate überlass den Zockern*

„Schreibe hin, schreibe her, aber schreibe niemals quer." Mit diesem Reim hatte man früher vor Wechseln gewarnt. Wer Geld ausgibt, das er noch gar nicht hat, der kann sehr rasch in die Zwickmühle geraten. Die alte Weisheit auf das heutige Börsenleben übertragen bedeutet: Hände weg von allem, was auf Pump beruht. Im Vertrauen auf ein todsicheres Geschäft hat sich schon mancher Geld geliehen, das er dann nur noch mit hohem Zins und Zinseszins bis zum persönlichen Ruin hat abstottern müssen.

Auch auf die Rückzahlung einer Anleihe sollte man sicherheitshalber nie zu 100 Prozent vertrauen, es sei denn, die Schuldverschreibung hätte ein Rating von AAA. Bei einer derartigen Bewertung der Schuldsicherheit ist das Risiko so gut wie Null.

„Optionen kaufen? Genau wie bei einem Wechsel, unterschreiben Sie und Sie werden sehen, wie schnell die Zeit vergeht", warnte André Kostolany. Eine Option ist eine Wette mit Verfall. Der vermeintliche Gewinnhebel wird schnell zum Totalverlust. Derivate, also Wertschriften, die sich indirekt und oft aufgrund komplizierter mathematischer Formeln von einem Basiswert ableiten, sind etwas für Vollprofis. Ich meine, derivative Produkte, wie sie in der Fachsprache heißen, haben durchaus ihre Berechtigung: Aber nicht für den Privatanleger, sondern in erster Linie für Unternehmen, die sich durch solch komplexe Produkte beispielsweise gegen Währungsschwankungen im Exportgeschäft absichern können. Der normale Anleger braucht sie nicht. Privatpersonen können mit CFDs (Contracts for Difference) und ähnlichen Spielereien rasch unwiederbringlich ein Vermögen verlieren.

**Wie kommt man bekannterweise zu einem kleinen Vermögen? Na, ganz einfach: Indem man ein großes Vermögen verspekuliert.**

# 34 Investiere bei einem Goldrausch weder in Gold noch in Goldgräber, sondern in Schaufeln

*Folge nicht dem Herdentrieb*

Den Herdentrieb haben wir bereits kennengelernt. Beim berüchtigten Klondike Goldrausch um 1896 machten sich über 100 000 Goldsucher auf den eisigen Weg zu den Fundstellen im Grenzgebiet zwischen Alaska und Yukon. Viele Abenteurer bezahlten die Strapazen der Reise mit ihrem Leben. Auch viele Pferde starben an den Pässen, sodass der berühmte Schriftsteller Jack London etwa den White Pass in Dead Horse Pass umbenannte. Von den Glücksrittern scheiterten die meisten an den Pässen. An den steilsten Stellen wurden sogar Seile zum Sichern gezogen, aber wer nicht weiter kam, wurde seinem Schicksal überlassen. Im Frühjahr des Jahres 1898 tötete eine Lawine allein 63 Männer am Chilkoot Pass. Wem das Geld ausging, der verdingte sich als Packer und Lastenträger, wie es die Männer der umliegenden Indianerstämme taten. Die Preise waren hoch, ähnlich wie die Risiken und Gewinnmöglichkeiten. Auf dem „Trail" zu den Schürfgründen entstand eine eigene Industrie. Die Städte auf dem Weg zum Klondike wurden von den Goldsuchern buchstäblich überrannt. Die Einwohnerzahl wuchs. Viele ließen sich als Dienstleister und Produzenten von Ausrüstungsgütern nicht nur auf dem Hinweg, sondern auch auf dem Rückweg dort nieder, nachdem sie im Gold Rush reich geworden waren.

Du, cleverer Anleger, solltest über den Tellerrand hinaus blicken. Wenn du weißt, dass diese Erde Milliarden Menschen ernähren muss, kannst du dir ein Stück Ackerland kaufen. Schlauer und vor allem bequemer ist es aber, wenn du in Aktien von Caterpillar oder CNH investierst, weil diese Firmen landwirtschaftliche Nutzfahrzeuge herstellen. Du kannst auch Wertpapiere des US-amerikanischen Unternehmens Monsanto kaufen oder die der Schweizer Gesellschaft Syngenta, da eine gute Aussaat und ihr Schutz vor Schädlingen Voraussetzung einer reichen Ernte sind.

Wenn du weißt, dass auch an den Fließbändern der großen Autokonzerne immer mehr einfache Handgriffe automatisiert werden und wegen der neuen Absatzmärkte in Asien die Autokonjunktur rund läuft, kannst du Aktien von Roboterherstellern wie KUKA kaufen.

Wenn du weißt, dass neue Medikamente zwar wichtig sind, klassische Pharmaaktien aber unter Druck geraten, weil die Regierungen die Gesundheitskosten senken, dann kannst du auf Generikahersteller ausweichen. Diese stellen billige Kopien der erfolgreichen Originalmedikamente her und werden von den Kostensenkungsmaßnahmen eher profitieren statt zu leiden.

Denke ruhig einmal quer. Denn nicht dort, wo jeder es vermutet und hin stürmt, wartet das große Geld, sondern dort, wo die Goldsucher ihre Ausrüstung kaufen müssen.

## 35 Augen auf im Freiverkehr
*Das unregulierte Börsensegment steckt voller Abzocker*

Im Ausland gegründete Aktiengesellschaften, etwa aus den „kapitalen" USA oder der „sicheren" Schweiz, werden sehr oft in den „Freiverkehr" an deutschen Börsen einbezogen. Nicht nur in der Vergangenheit haben verschiedene Börsenbriefe viele dieser Gesellschaften ganz massiv zum Kauf empfohlen. Anstelle des von den Anlegern erhofften dauerhaften Kursanstiegs kam es in den meisten Fällen jedoch innerhalb kürzester Zeit zu enormen Kursverlusten. Blow-and-dump (Aufblasen und rasch wieder fallen lassen) heißt das Spiel: Die Kurstreiber im Hintergrund haben ihre wertlosen Papiere erst hochgejubelt und dann verkauft und damit gutgläubigen Anlegern das Geld aus der Tasche gezogen.

Du als Anleger solltest im Freiverkehr besonders vorsichtig sein und auf folgende Warnsignale achten:

- Aktien haben nichtssagende Fantasienamen oder Namen, die sehr bekannten seriösen Firmen ähneln, aber nicht genau gleich sind, wie beispielsweise Carlyle International, Inc. anstatt Carlyle Group.
- In engem zeitlichem Zusammenhang mit der Einbeziehung der Gesellschaft in den Freiverkehr fand ein Aktiensplit oder eine Kapitalerhöhung statt, wodurch die Anzahl der Aktien exponentiell erhöht wurde. Aktien betroffener US-Gesellschaften haben lediglich einen Mindestnennwert von 0,001 USD und Schweizer Gesellschaften lediglich den Mindestnennwert von 0,01 CHF. Besonders verdächtig ist es, wenn die Gesellschaften nur über das Mindeststammkapital von 100 000 Franken verfügen. Wahrscheinlich ging es den Gründern der jeweiligen Gesellschaft nur darum, möglichst viele Aktien zu schaffen.
- Der Gesellschaftszweck des Unternehmens wurde kurz vor der Notierungsaufnahme geändert. Das ist vor allem dann ver-

dächtig, wenn der neue Gesellschaftszweck in einer Branche angesiedelt ist, die gegenwärtig sehr in Mode ist (wie etwa die alternative Energie-, Medizin-, Rohstoff-, Biotech- oder Telekommunikationsbranche).

- Über das Unternehmen sind keine aussagekräftigen und verlässlichen Informationen wie testierte Jahresabschlüsse erhältlich – von unabhängiger Aktienanalyse ganz zu schweigen.
- Die Personen, die in führender Position der Gesellschaft tätig sind, waren bereits in anderen Aktiengesellschaften tätig, die massiv an Wert verloren haben.
- Die Gesellschaft hat ihren Sitz unter der gleichen Adresse wie eine Vielzahl weiterer „illustrer" Gesellschaften.
- Höchste Vorsicht ist geboten, wenn sogenannte „Sekundärmarktaktien" oder „MBO-Aktien" verkauft werden, wobei den Aktiendealern alle Fantasienamen für die vermeintlichen „Schnäppchen" recht sind.

Manchmal machen sich Betrüger nicht einmal die Mühe, eine Aktiengesellschaft richtig zu gründen. Es wird einfach behauptet, dass eine Gesellschaft besteht, und deren Aktien werden dann verkauft. Es wird vom „IPO" oder von einer Börsennotierung gesprochen, obwohl diese in weiter Ferne liegt. Verkaufsunterlagen und Internet-Seiten sind geduldig. Wenn es heiß wird, wird die Internet-Seite ganz einfach vom Netz genommen.

Ein Beispiel eines klassischen Blow-and-Dump-Spiels im Freiverkehr und seine Folgen:

*Tier-Spezi AG und 1-800-PetMeds vereinbaren strategische Kooperation*
*Diepholz, 09.02.2007*
*Die Tier-Spezi AG mit Sitz in Zug/Schweiz und ihrer Niederlassung im niedersächsischen Diepholz hat eine Kooperation mit dem börsennotierten amerikanischen Unternehmen 1-800-PetMeds (NASDAQ symbol: PETS) vereinbart. Nach Angaben der amerikanischen Gesellschaft ist der Onlineshop www.1-800-PetMeds.com die größte Online-*

*Apotheke für Haustiere. Ziel der Kooperation ist die gegenseitige Vermarktung ausgewählter Produktsortimente beider Unternehmen in Deutschland und den USA. Die Kooperation erfolgte vor allen Dingen angesichts der besonderen Kostenvorteile bei der Tier-Spezi AG durch die Herstellung vieler Produkte in Osteuropa. Weiterführende Gespräche hinsichtlich einer künftigen strategischen Beteiligung von 1-800-PetMeds an der Tier-Spezi AG sind geplant und sollen bis Ende Juni diesen Jahres zum Abschluss gebracht werden.*

*Die Erfolgsentwicklung des jungen Unternehmens kennzeichnet sich durch einen markanten Umsatzsprung in Höhe von knapp über 200 Prozent im Geschäftsjahr 2006. Dass dann zum Ende letzteren die oben genannte Kooperationsvereinbarung mit dem amerikanischen Marktführer besiegelt werden konnte, bestätigt und zementiert den Erfolg der Tier-Spezi AG. Anlässlich einer Produktpräsentation in Miami im Januar 2007 wurde die Produktqualität und die potenzielle Durchschlagskraft bestimmter Tier-Spezi Produkte auf dem US-Markt gewürdigt.*

*Gegenseitige Synergieeffekte ergeben sich zum anderen dadurch, dass einige in den USA bereits etablierte Sortimente spezieller tiermedizinischer Präparate demnächst auch auf dem deutsch-europäischen Markt durch Tier-Spezi vertrieben werden sollen. ‚So ergänzen sich Produktionskostenvorteile mit den avancierten US-Markterfahrungen zu einer katalysatorischen Symbiose‘, sagt Tier-Spezi Gründerin Monika Kuhlmay. Im Zusammenhang mit dem gelungenen Product-Placement beim US-Marktführer wurde ein neues Verpackungs- und Versandsystem in Diepholz eingerichtet. ‚Das Qualitätsmanagement wird so gut sein, dass es bei unseren Katzenhäusern keine Abstriche in puncto ordentlicher Lieferungen geben wird‘, so Monika Kuhlmay. ‚Gelistet zu sein, bedeutet für mich und für das Unternehmen, das in uns gesetzte Vertrauen nicht zu 100 Prozent, sondern zu 1000 Prozent zu erfüllen‘, fügt Monika Kuhlmay hinzu.*

*Börsengang, Umsatzsprung und Kooperationsvertrag haben zur erfolgsbestimmten Neuausrichtung der eigenen Marktposition jetzt auch in den USA entscheidend beigetragen.*

*Über die Tier-Spezi AG: Die schweizerische Tier-Spezi AG vermarktet zurzeit ihre größtenteils eigenproduzierten Tierzubehörartikel für Hunde, Katzen und Pferde über die Internetplattform www.tier-spezi.de. „In den nächsten 2 Jahren wollen wir 5 Discount-märkte in größeren Städten mit einer Fläche bis zu 300 qm aufbauen. Interessierten Unternehmern für die Franchise-Lizenzen können wir somit weitere Anreize bieten', so Tier-Spezi Gründerin Monika Kuhl-may. Für die Gründerin und Verwaltungsratspräsidenten der Tier-Spezi AG Monika Kuhlmay ist die im Dezember erfolgte Börsennotierung (WKN A0LB1T) an der Frankfurter Wertpapierbörse ein wichtiger Schritt für die weitere Expansionsstrategie.*

*Kontakt: Tier-Spezi AG Heeder Gartenstraße 31 49356 Diepholz*

Knapp zwei Jahre später:

*Tier-Spezi AG, in Zug, CH-320.3.059.814-6, Aktiengesellschaft (SHAB Nr. 220 vom 12.11.2008, S. 22, Publ. 4728510). Firma neu: Tier-Spezi AG in Liquidation. Mit Verfügung des Einzelrichters des Kantons-gerichts Zug vom 27.03.2009, 10.00 Uhr, wurde die Gesellschaft gemäß Art. 731b OR aufgelöst und ihre Liquidation nach den Vorschriften über den Konkurs angeordnet.*

## 36 Wahljahre sind gute Börsenjahre
*Saisonale Muster in unseren Demokratien kann man ausnutzen*

Die Regierungen in aller Welt strengen sich jeweils im Jahr vor dem nächsten Wahlgang an, besonders vorteilhaft dazustehen. Das Muster ist verbürgt: In den ersten beiden Jahren eines Wahlzyklus wird die bittere Medizin verabreicht, damit kurz vor den Wahlen die Wirtschaft wieder läuft und das Vertrauen der Verbraucher zunimmt. In Amerika steigt die Börse in Wahljahren (ein Jahr vor dem Urnengang) im Schnitt um rund 10 Prozent. Dieses Prinzip ist vor allem in den USA eindeutig belegt. Aber auch in anderen Ländern zeigt sich derselbe Effekt, wenn auch statistisch weniger klar, was auch daran liegt, dass Wahlen nun mal nur alle vier, fünf Jahre stattfinden.

Anleger sollten den Wahleneffekt durchaus in ihre Überlegungen einbeziehen. Denn wenn Politiker ihre Wahlversprechen zünden, ergibt sich im Wahljahr sicherlich ein konstanter Fluss positiver Nachrichten, wie geschaffen für die ein oder andere willkommene „Gewinnmitnahme". An Gewinnmitnahmen ist noch niemand arm geworden. Außerdem sollten sich in Jahr eins und zwei nach den Wahlen wieder gute Kaufgelegenheiten bieten.

In Deutschland zeigt sich ein ebenfalls sehr deutliches „Wahlverhalten": Laut einer Analyse der Schweizer Bank UBS hat sich der Aktienmarkt seit 1950 nach einem Wahlsieg von CDU/CSU stets besser entwickelt als nach einem Erfolg der Sozialdemokraten. So legten die Kurse am deutschen Aktienmarkt in den ersten drei Monaten nach einem Wahlsieg der „Schwarzen" um 2,1 Prozent zu. Bei einem SPD-Erfolg kam es dagegen nur zu einem Kurs-Plus von 0,8 Prozent. Nach einem Jahr verbuchten die Märkte unter einer CDU/CSU-geführten Regierung ein Plus von 5,1 Prozent und unter der SPD ein Minus von 2,1 Prozent. Die deutschen Aktienmärkte haben also eine klare Vorliebe für CDU-Regierungen. Ganz überraschend kommt das nicht, zeigen sich die bürgerlichen Parteien doch stets unternehmensfreundlicher als die „Roten". Auch der Börse in Wien schmeckt ein Sieg der ÖVP besser als ein Sieg der SPÖ.

# 37 Steigende Zinsen sind Gift
*Zinsen steigen, Aktien fallen und umgekehrt*

„Nach Zinsen drängt, an Zinsen hängt doch alles, ach wir Armen!" Frei nach Goethes Faust ließe sich der wichtigste Kurstreiber an den Börsen definieren. Das Zinsniveau bestimmt in erster Linie, ob es an den Anleihe- und Aktienmärkten bergauf oder bergab geht. Warum das so ist, lässt sich leicht erklären: Hohe Zinsen bedeuten für die Unternehmen hohe Kapitalbeschaffungskosten, was sich negativ auf die Gewinne auswirkt. Bis dieser Effekt richtig durchschlägt, vergehen aber einige Berichtsquartale. Schließlich haben die Firmen ja in ihrem Kreditbestand die unterschiedlichsten Fälligkeiten. Die Zeitverzögerung, mit der sich die Wirtschaft der veränderten Zinslandschaft anpasst, ist der Grund, warum die Aktienkurse für gewöhnlich auch erst mit Verzögerung auf Veränderungen des Zinsniveaus reagieren. Außerdem stehen Anleihen und Aktien als Anlageformen in direkter Konkurrenz. Und je höher die Zinsen sind, welche die Anleihen abwerfen, um so eher sind Anleger geneigt, Obligationen anstatt Aktien zu kaufen. Natürlich gilt auch umgekehrt: Je geringer die Renditen sind, welche die Bonds abwerfen, um so eher sind Anleger geneigt, Aktien oder sogar Währungen und Rohstoffe zu kaufen, die ja gar keine Zinsen zahlen.

Als Anleger steckst du bei steigenden Zinsen in einem Dilemma. Du kannst zwar Gewinne bei deinen Aktienengagements mitnehmen und solltest das auch tun, wenn sich eine längere Hochzinsphase abzeichnet. Nur stellt sich jetzt die Frage: Wohin mit dem schönen Gewinn?

Wenn du Anleihen kaufst, so werden diese bei steigenden Zinsen im Kurs fallen. Das ist logisch, denn auch sie reagieren auf Zinsveränderungen. Eine Anleihe mit zehnjähriger Laufzeit sollte etwa zehn Prozent Kursverlust erleiden, wenn die durchschnittlichen Zinsen auf den Kapitalmärkten um einen einzigen Prozentpunkt nach oben gehen, denn jetzt wirft diese Anleihe ja plötzlich bis zum Ende der Laufzeit zusammengezählt 10 Prozent weniger Zinsen ab. Läuft die Anleihe gar zwanzig Jahre, riskierst du rund 20 Prozent und mehr Kursverlust. Das ist schon heftig.

Wenn magere Börsenjahre vor dir liegen, wirst du also nicht an Anleihen mit kurzer Laufzeit vorbeikommen. Anleihen mit langer Laufzeit musst du dann aber unbedingt meiden.

## 38 Herbststürme locken zum Einstieg
*Aus Schaden werden die Menschen klug – und die Versicherungen reich*

Versicherungen müssen sich selbst gegen Risiken versichern. Das klingt kurios, ist aber richtig und gut so. Die Versicherer der Versicherer nennt man in der Fachsprache Rückversicherer. Sie versichern die richtig großen Schäden, die auf dieser Welt auftreten können, wie Flutkatastrophen, Sturm und Erdrutsche. Sie nehmen solche Großrisiken in ihre Bücher. Das ist ihr eigentliches Geschäftsmodell. Je mehr Risiken es zu versichern gibt, desto mehr Umsatz bolzen sie. Die zwei mit Abstand bedeutendsten Rückversicherungsunternehmen der Welt sind die Münchener Rückversicherung und die Schweizer Rückversicherung, neudeutsch auch Munich Re und Swiss Re genannt. Das sind die wahren Giganten der Börse. Die Münchner Rück als Nummer eins der Welt hat eine Bilanzsumme von über einer Viertel Billion Euro! Bedeutend als Rückversicherer sind auch die Hannover Rück und nicht zu vergessen Berkshire Hathaway, die Gesellschaft des weltberühmten amerikanischen Anlagepapstes Warren Buffett.

Wenn die ersten Herbststürme wüten, führen die darauffolgenden Schadensmeldungen regelmäßig zu einer Verkaufswelle bei den Rückversicherern. Die Anleger haben Angst, dass die Schäden, die von den Versicherungen bezahlt werden, teuer zu stehen kommen. Und es ist tatsächlich so. Oft müssen die Rückversicherer in der Hurricane-Saison Milliarden zahlen. Vor allem dann, wenn ein tropischer Sturm auf die Ostküste der Vereinigten Staaten prallt, wird es richtig teuer. Dann holt der Finanzchef regelmäßig den Taschenrechner raus. Für die Versicherungen ist das aber kein Beinbruch. Die kleinen Versicherungen, die sogenannten Erstversicherer, bekommen die Kosten der Schadensregulierung von den Rückversicherern ersetzt. Denn bei denen haben sich die Erstversicherer ja abgesichert. Wer jetzt denkt, dass die Rückversicherer ausbluten, der hat das Geschäftsmodell nicht verstanden. Rückversicherer leben vom Risiko und ziehen dieses an wie die Motten das Licht. Hat es also ordentlich gekracht, vergrößert sich die Geschäftsgrundlage. Zwar müssen Munich und Swiss Re, Hannover Rück und Berkshire Hathaway oder die französische SCOR erst einmal ordentlich blechen, aber dafür können sie bei der nächsten Vertragserneuerungsrunde die Versicherungsprämien erhöhen und finden darüber hinaus weitere verängstigte Kunden, die sich nur zu gern bei ihnen gegen gefährliche Großrisiken absichern. Somit führt der Schaden zu noch mehr Gewinn – allerdings mit einem Jahr Verzögerung.

Zögern solltest du daher nie, wenn die Rückversicherer nach einem Hurricane an der Börse Federn lassen müssen. Greife beherzt zu und setze dich dem Sturm aus, indem du Münchner Rückversicherung, Swiss Re, Hannover Rück, Berkshire Hathaway oder SCOR in dein Depot nimmst. Das ist dann gleichzeitig deine ganz private Versicherung für die nächsten Herbststürme.

# 39 An der Börse entscheidet die Zukunft, nicht die Vergangenheit

*Qualität hat meistens ihren Preis*

Ob eine Aktie teuer oder billig ist, wird meistens am Verhältnis des Aktienkurses zum Reingewinn gemessen. Je größer dieses Kurs-/ Gewinn-Verhältnis, abgekürzt KGV, desto teurer ist die Aktie. Einstellige KGVs gelten im langjährigen Vergleich als günstig. Ein KGV von 20 und mehr gilt als teuer. Im Prinzip sollten alle Aktien in etwa zum gleichen Zeitpunkt auch gleiche KGVs aufweisen. Wenn das generelle Zinsniveau hoch ist, sind die KGVs niedrig und umgekehrt. Aber dennoch gibt es immer wieder zwischen einzelnen Aktien große KGV-Unterschiede. Manche Aktien haben monate-, ja jahrelang ein viel zu niedriges KGV.

Das hat oft seinen guten Grund. Entweder die Firma müht sich in einem immer schwieriger werdenden Marktumfeld ab oder die Marktteilnehmer erwarten zu Recht, dass die Ergebnisse bald niedriger ausfallen werden als zu diesem Zeitpunkt offiziell von den Bankanalysten, der Firma selbst und von den Investoren geschätzt. Gibt es keinen hinreichenden Grund, dass sich an dieser Situation in absehbarer Zeit etwas ändert, solltest du die Finger von solchen Firmen lassen, selbst wenn die scheinbar günstige Bewertung zum Einstieg in diese Titel verleitet. Umgekehrt gibt es Unternehmen, die auf den ersten Blick sehr teuer sind. Auf den zweiten Blick handelt es sich aber um Qualitätsaktien, die nun mal ihren Preis haben. Das hohe KGV kann seinen Grund im außergewöhnlichen Wachstum haben, den die Firma in einem Markt der Zukunft erzielt. In so einem Fall ist das KGV wenig aussagekräftig. Wenn das Unternehmen im Kern gesund ist, es also nicht zu viele Schulden hat, dann solltest du dir die Produkte anschauen, die es auf den Markt bringt. Sind diese gut, ja einmalig und werden sie auch in zehn Jahren noch nachgefragt werden, dann kann die Firma ruhig doppelt so teuer sein wie der gerade herrschende KGV-Durchschnitt. Die Wahrscheinlichkeit ist extrem groß, dass in zehn Jahren der Gewinn pro Aktie um ein Vielfaches höher liegt. In der Folge wird auch der Aktienkurs weitersteigen, weil es keinen Grund gibt, dass die hohe KGV-Bewertung abgebaut wird.

Fantasie ist wichtiger als Wissen, denn Wissen ist begrenzt.

(Albert Einstein)

# 40 Lege nicht alle Eier in einen Korb
### Klotzen statt kleckern

Jedes Kind weiß, dass man an der Börse nicht alles auf eine Karte setzen darf. Allerdings gibt es nach André Kostolany eine Ausnahme:

„Wer viel Geld hat, kann spekulieren. Wer wenig Geld hat, darf nicht spekulieren. Wer kein Geld hat, muss spekulieren."

Ein Milliardär darf ruhig einmal eine Million in einer Wette auf den amerikanischen Dollar in den Sand setzen. Und wer nur 500 Euro hat und in zwei Wochen gern in die Karibik fliegen will, der kann Call-Optionen auf den US-Dollar kaufen. Wenn er Pech hat, hat sich das Geld vielleicht vollständig in Luft aufgelöst. Wenn er Glück hat, bekommt er das Geld für den Urlaub zusammen (denn auch der Dollar kennt Höhen und Tiefen).

Der kluge Privatanleger wird für die ersten paar Tausend Euro oder Franken einen Aktienfonds kaufen. Darin befinden sich vielleicht 50 verschiedene Titel. Sollte dann eine von diesen Aktien hohe Verluste machen, wären gerade einmal zwei Prozent vom Fondsvermögen weg. Das lässt sich verkraften. In ein paar Monaten sollten die anderen 49 Positionen diesen Verlust wieder über Dividendenzahlungen und Kurswertsteigerungen wettgemacht haben. Knapp zwei Prozent kriegen zwar auch Bank und Fondsmanager für die Pflege deiner Anteile, aber dafür brauchst du dich ja auch um nichts zu kümmern. Falls dir das noch zu viel Geld ist, kannst du auch einen sogenannten ETF kaufen. Das sind Anlagefonds, die meistens einen Aktienindex nachbilden. Das kostet den Fondsmanager wenig Mühe und dich dafür nur wenige Promille Gebühren im Jahr statt der Prozente, die du für einen aktiv gemanagten Fonds im Jahr bezahlen musst.

Aber wann kannst du auf eigenen Beinen stehen und dir selbst ein Portfolio, also eine ausgewogene Mischung aus verschiedenen Titeln, zulegen?

Eine gute Faustregel ist die Zehnerregel. Wenn du 10 halbwegs gleichwertige Positionen aus Aktien und Anleihen kaufst, wirst du den Ausfall einer Position ertragen können. Dein totaler Verlust beträgt dann halt 10 Prozent. Das tut zwar weh, aber auch das ist in ein, zwei, drei Jahren wieder aufgeholt. Du kannst als cleverer Anleger also 10 verschiedene Aktien zu je 5000 Euro oder Franken kaufen und dir so dein erstes richtiges Portfolio zusammenstellen. Du wirst sehen, das macht sogar Spaß und du wirst dich wie ein kleiner Fondsmanager fühlen. Ein einzelner Totalausfall in deinem eigenen Fondsportfolio würde dich somit 5000 von 50 000 kosten. Das musst du ertragen können, wenn du ein guter Anleger werden willst.

Kleinere Stückelungen, wie beispielsweise 10 Positionen zu 500 Euro oder Franken lohnen sich nicht, da in so einem Falle die Unkosten viel zu hoch sind. Alle Banken und Broker verlangen nämlich bei Kauf und Verkauf von Wertpapieren eine Mindestprovision, oft im zweistelligen Euro- oder Franken-Bereich. Es macht keinen Sinn, pro Transaktion zwei bis drei Prozent Maklergebühren zu zahlen. Ein einzelner Wertschriftenkauf muss eine vernünftige Mindestgröße darstellen. Kleinvieh macht hier im wahrsten Sinne leider Mist. Ein Kauf, der mehr als ein Prozent an Gebühren frisst, ist viel zu teuer.

# 41 Sich selbst treu bleiben
*Strategiewechsel sind meist überflüssig und gehen ins Geld*

Zapping mag mit der Infrarotbedienung am Fernseher Spaß machen. An der Börse ist es tödlich. Jeder Anleger muss sich für eine eindeutige Strategie entscheiden, die seinen persönlichen Bedürfnissen und Zielen entspricht, und diese so lange durchhalten, wie diese gleich bleiben. Das kann beispielsweise die Dividendenstrategie sein. Sie ist sehr gut für Börsenneulinge geeignet und bietet bei minimalem Aufwand optimale Gewinnchancen. Bei dieser Strategie verzichtet der Anleger auf spektakuläre Gewinne (und damit verbundene größere Risiken) zugunsten eines konstanten Geldflusses in Form regelmäßiger Dividendenzahlungen. Aktien, die eine hohe Dividende im Verhältnis zu ihrem Kurs ausschütten, bleiben meist stabil auf Kurs, während Wachstumsaktien von Unternehmen, die das verdiente Geld gleich wieder in riskante Unternehmungen stecken, größere Schwankungen aufweisen.

Die Dividendenstrategie ist also auf den ersten Blick langweiliger. Sie eignet sich nicht für kurzfristig orientierte Anleger, sondern erfordert einen längerfristigen Zeithorizont. Mit langweiligen Aktien kannst du aber eine Menge Geld verdienen. Börsianer neigen dazu, heißen Themen hinterherzujagen. Die heißen Firmen sind jedoch oft kurzlebig und teuer, weil sie vielleicht gar nicht an einer der gängigen Börsen gehandelt werden und die Kurse wilden, schwer kontrollierbaren Schwankungen unterworfen sind. Langweiler aus den Reihen der großen Standardwerte sind relativ günstig und solide, werden überall gehandelt und steigen stetiger. Laufe nicht jedem Modetrend hinterher – auch und gerade nicht in Geldanlagen. Wenn alle an der gleichen Stelle nach Gold suchen, sind die Chancen, etwas zu finden, eben sehr gering.

Bleibe bei der einmal gewählten Strategie, denn ein Wechsel ist mit hohen Kosten verbunden, wenn du beispielsweise deine Dividendenaktien gegen Wachstumsaktien tauschen möchtest. Anleger werden bei starken Kursschwankungen oft nervös. Gehen die Kurse durch die Decke, wollen sie unbedingt noch auf den fahrenden Zug aufspringen und sind plötzlich bereit, ihre Prinzipien, sprich die ganze Strategie, über Bord zu werfen. Meist kommt dann die Trendumkehr. Plötzlich greift dann die alte und nicht die neue Strategie. Neben dem Pech kommt jetzt noch das Unglück hinzu. Die Folge: Außer Spesen nichts gewesen. Strategiewechsel kosten sowohl im Management von Firmen als auch an der Börse eine Menge Geld.

## 42 Trau, schau, wem
*Abzocker und Betrüger erkennt man an ihrer Sprache*

Deinem Banker kannst du trauen, er will dich nicht übers Ohr hauen. Bei allen anderen Außenstehenden sei vorsichtig.

## Börsengurus empfehlen oft genau die Aktien, die sie selbst zu einem günstigen Kurs loswerden wollen,

argwöhnte André Kostolany, und er hat wieder einmal recht. Denn neben den wenigen wirklich guten Börsenaltmeistern und wenigen Meisterinnen von Warren Buffett bis Fleur Platow gibt es viel mehr Scharlatane, die versuchen, dir ihre Schrottpapiere anzudrehen. Kein Mitarbeiter oder Beauftragter einer seriösen Firma wird dich am Telefon zum Kauf irgendwelcher Aktien animieren, egal, ob es sich um eigene oder fremde Anteilscheine handelt. Bei solchen Deals dabei zu sein, bedeutet früher oder wenig später über die Klinge zu springen. Einige dieser Aktienschieber betreiben ganze Callcenter, um die Wertlospapiere an den Mann zu bringen. Sei also auf der Hut und bestelle auch keine Fax- oder Telefondienste mit angeblich heißen Börsentipps.

Selbst wenn die derart empfohlenen Papiere gelistet sind, das heißt an irgendeiner Börse oder Handelsplattform zugelassen, bürgt das noch lange nicht für Seriosität. Den Schrott unter den zugelassenen Aktien erkennt der clevere Anleger an der aufgeblasenen, verkorksten Sprache, derer sich die Vertreter und Verdreher der halbseidenen Firmen bedienen. Hier zwei Original-Beispiele, die für sich sprechen:

**a.) Plattitüden bolzen**
*Philosophie*
*Im Zuge der fortschreitenden Globalisierung hat sich das Spektrum für Kapitalanlagen von einem nationalen zu einem europäischen bzw. globalen Universum erweitert.*

*Folge der zeitnahen Verbreitung von Informationen ist eine wachsende Informationsdichte und eine zunehmende Geschwindigkeit bei der Informationsverarbeitung. Zusammen mit der stetigen und schnell voranschreitenden Weiterentwicklung der Technologie hat dies zur Folge, dass die Kapitalmärkte zunehmend effizienter werden. Die Deregulierung des Marktes und die Zusammenlegung der Branchenbereiche prägen die heutige Wirtschaft. Die Liberalisierung des Kapitalverkehrs, die Schaffung von Handelsplattformen und Produktinnovationen haben grenzüberschreitende Wertpapiertransaktionen nachhaltig erleichtert. Darüber hinaus ist der Markt für Finanzdienstleistungen durch hohen Wettbewerbs- und Kostendruck gekennzeichnet und unterliegt einem beständigen Wandel in Produkten und Prozessen.*

*Diese Ausgangslage eröffnet interessante Chancen und Möglichkeiten, stellt aber auch spezifische Anforderungen an eine international operierende Beteiligungsgesellschaft im Finanzdienstleistungssektor.*

*Wir haben uns zum Ziel gesetzt, den dynamischen Entwicklungen an den Finanzmärkten mit spezifischen Stärken zu begegnen und über die Holding-Struktur, die Marktnähe und Flexibilität von kleineren und mittleren spezialisierten Unternehmen mit der Kapitalkraft und Präsenz von großen Unternehmungen zu verbinden. Ein wesentlicher Vorteil der Holding-Struktur ist ihre Flexibilität, da jedes Tochterunternehmen in Abstimmung Strategien für ihr Geschäftsfeld entwickelt und somit die Voraussetzung schafft, flexibel auf die aktuellen Marktentwicklungen reagieren zu können, die vorhandenen Ressourcen effektiv auszuschöpfen und Strategien zu entwickeln, um die Expertise und Erfahrung aus den verschiedenen Geschäftsfeldern bestmöglich zu nutzen.*

*Die Standortfrage gewinnt im Zuge der globalen Veränderungen eine immer stärkere Bedeutung. Neben der hervorragenden strategischen Ausgangsposition der Holdinggesellschaft in der Schweiz haben wir uns zum Ziel gesetzt, durch die Errichtung von Niederlassungen in wichtigen regionalen und überregionalen Zentren und durch die Eröffnung von Vertretungen an strategisch wichtigen Standorten die Marktpräsenz der Unternehmensgruppe in Zukunft weiter zu verstärken. Zusammenfassend zielen wir mit unserem gesamten Engagement auf umfassenden Service für die Kunden der Konzernunternehmen, auf Ertragssynergien, auf höhere Effizienz und letztlich auf einen Mehrwert für die Aktionäre.*

Und als ob das noch nicht reicht, wird noch eins draufgesetzt:

*Mission Statement*
*Der Unternehmenserfolg ist unsere Aufgabe.*
*Motivation, Vertrauen und kontinuierliche Verbesserung sind die Basis des Unternehmenserfolgs. Wir setzen auf eine partnerschaftliche und langfristig erfolgreiche Zusammenarbeit mit unseren Kunden und Aktionären. Wir engagieren uns jeden Tag aufs Neue, genau auf die jeweiligen Erfordernisse zugeschnittene Lösungen zu entwickeln. Um unseren Zielen gerecht zu werden, setzen wir auf Zuverlässigkeit und das konsequente Streben nach optimalen Ergebnissen.*

**b.) Schlechtes Deutsch und schuld hat immer die böse Wirtschaft**
*Als Ergebnis der Krise des Jahres 2008 kamen im Eisen-Stahl-Sektor eingreifende Veränderungen vor. Vor diesem Datum konnten Walzwerke wie wir, die die Stahlknüppel als Rohstoff aus dem Ausland importieren müssen, ohne Schwierigkeiten diesen Rohstoff beschaffen und ihre Tätigkeiten mit Gewinn ausführen. Aber nach diesem Datum, bis jetzt wurde der Preisunterschied von Rohstoff und Fertigware nicht über 65–70 Tonnen gestiegen. Heute wird die Fertigware in Aliağa mit 735–740 USD FOB, die Stahlknüppel mit 675–680 USD FOB bearbeitet.*
*Das bedeutet, dass Firmen, die nur warm walzen – auch wenn sie Rohstoffe besorgen können und mit voller Kapazität und effektiv arbeiten – geringe Chancen haben, Gewinne zu erwirtschaften. Schmelzwerke, die flüssiges Metall erzeugen (Stahlknüppel), haben ihre Grubenofen im Allgemeinen integrierte Anlagen und haben ihre eigenen Walzwerke. Um in ihren Walzwerken mit großen Tonnagen zu arbeiten und die Kosten zu senken, produzieren sie im Allgemeinen 12 mm und darüber. Ihre Herstellungskosten bei Kaltcharge übersteigen nicht über 45 USD/Tonne und bei Warmcharge nicht über 30–32 USD/Tonne (Warmcharge bedeutet, dass der Stahlknüppel bei*

550–7000C in den Glühofen bearbeitet wird). *Die Herstellungskosten der Firmen, die wie wir nur walzen und insbesondere Produkte in der Stärke von 8–10 mm walzen, liegen bei 70 USD/Tonne. Unter diesen Umständen lassen die unabhängigen Walzwerke der Schmelzwerke erst fertigen und übernehmen dann irgendwie diese Produkte als ihre eigenen. Die Firmensitze von Dörtyıldız Ltd. Sözen Haddecilik A.Ş. Erkay Demir Çelik Ltd.und von uns Tisan A.Ş. ist Izmir, von diesen Firmen wurde 4 Yıldız die eine jährliche Kapazität von 350.000 Tonnen hat mit Rund 17 Millionen USD an die Firma Habas verkauft, Erkay Eisen und Stahl Unternehmen mit einem 150 000 Tonnen Jahreskapazität wurde zu einem Preis von rund 10 Millionen an die Gruppe Sider verkauft, als Folge dieser Entwicklungen hat die Tisan Fabrik ihre Fabrikanlage mit 15 Mio. USD Preisvorstellung in Verkauf gebracht.*

# 43 Das schwarze Gold bleibt uns noch lange
*Erdölaktien sind sichere Werte*

Bis 1973 stieg die weltweite Fördermenge von Rohöl exponentiell. Dann kam die erste große Ölkrise. Der Ölexperte M. King Hubbert sagte daraufhin das Ende des Ölzeitalters vorher. Seit Jahrzehnten waren die Funde von billigem, konventionellem Erdöl stark zurückgegangen. 1995 bereits sollte die Ölförderung daher rückläufig sein. Seit der Ölkrise stieg sie dennoch weiter, aber nur noch linear. Mittlerweile wurde das globale Erdölfördermaximum, der sogenannte „Peak Oil", auf 2020 bis 2030 verschoben. Tatsache bleibt, dass die Ölförderung seit 2008 wieder erheblich steigt. Ausgerechnet der Großverbraucher Vereinigte Staaten von Amerika, mit nur einem Viertel eigener Förderung und im Vergleich zum Eigenverbrauch Ölverschwender Nummer eins, schaffte durch Erschließen unkonventioneller neuer Erdölquellen die Wende. Aus Schiefern und Sanden wird zwar teureres, aber noch immer gewinnbringendes schwarzes Gold gewonnen. Man mag über die Umweltfreundlichkeit neuer Fördertechniken denken, was man mag, Erdöl als bedeutendste Energiequelle unserer Zeit wird uns noch länger erhalten bleiben. Trotz der Bohrkatastrophe 2010 im Golf von Mexiko, welche die British Petroleum (BP) fast in den Ruin trieb, wird in immer größeren Tiefen unter dem Meeresboden Rohöl gefördert werden.

Hubberts Modellberechnungen hatten ein Wachstum der Ölförderung nicht richtig mit einbezogen und neue Technologien sowie wirtschaftliche und politische Faktoren ungenügend berücksichtigt. Aktuell ist das Maximum der Förderung inklusive Vorkommen, die über konventionelles Rohöl hinausgehen, noch lange nicht erreicht. Das bedeutet trotzdem nicht, dass der Erdölverbrauch ewig weiter steigen kann, aber Erdöl wird für Jahrzehnte weiter stark nachgefragt bleiben.

Bei all der Diskussion um Energiewende und Luftverschmutzung wird zudem vergessen, wie wichtig Erdöl als Rohstoff für die chemische Industrie ist. Man kann mit ihm nicht nur Autos und Flugzeuge bewegen, sondern auch die dazu passenden Straßen und Rollbahnen bauen. Bitumen ist eines der bedeutendsten Erdölprodukte. Daraus wird der Baustoff Asphalt hergestellt. Aus petrochemischen Substanzen lassen sich auch Plastikeimer und Damenstrümpfe produzieren.

Langfristig orientierte Anleger investieren daher auch weiterhin in Erdölaktien. Firmen wie Shell (Royal Dutch Petroleum), BP (British Petroleum) oder ExxonMobil werden auch in Zukunft für eine funktionierende Wirtschaft unerlässlich sein.

Aber das Spektrum der Ölaktien ist bei Weitem nicht auf die Ölmultis beschränkt. Es gibt auch noch Raffineriebetreiber, die das Rohöl weiterverarbeiten und in Diesel, Benzin, Kerosin und die vielen anderen nützlichen Dinge aufspalten. Und es gibt Bohrunternehmen, wie die an der Schweizer Börse notierte Transocean oder der Technologielieferant Schlumberger, bei dem man alles bekommen kann, was es zum Buddeln nach dem schwarzen Gold braucht.

# 44 Gas gibt Gas
*Lange im Schatten des Erdöls stehend, wird der Rohstoff immer wichtiger*

Früher wurde bei der Erdölbohrung anfallendes Erdgas abgefackelt, weil man es vor Ort nicht gebrauchen oder verarbeiten konnte. In Zeiten knapper Ressourcen wird Gas immer besser genutzt, sowohl als Treib-, als auch als Heizstoff. Die USA fördern seit Beginn des Jahrtausends verstärkt Erdgas mittels Fracking, was einen regelrechten Boom zur Folge hat. Bei dieser auch zur Rohölgewinnung genutzten Technologie wird eine Stützmittelflüssigkeit ins Bohrloch gepresst. Die Flüssigkeit drückt das Gestein auseinander. Nach dem Aufbrechen der Gesteinsformation wird die eingepresste Flüssigkeit, die unter dem Druck der Erdschicht steht, so weit wie möglich zurückgepumpt. Das nun darin gelöste Gas wird gefördert. In den USA wird fast das gesamte Erdgas derart gewonnen und anschließend zum besseren Transport gekühlt und damit verflüssigt. In Europa werden vor allem die mit dem Einsatz dieser neuen Technologie verbundenen Umweltrisiken wie Verschmutzung und künstliche Erdbeben sowie mögliche Gesundheitsgefahren diskutiert. Einige Länder haben Erdgas-Fracking auf ihrem Gebiet sogar gesetzlich verboten, doch macht das Beispiel wiederum deutlich, wie sehr neue Fördertechniken Märkte erschließen können.

Seit der Energiewende findet Erdgas wieder vermehrt Zuspruch bei Kraftwerksbetreibern, da der Brennstoff im Vergleich zu Kohle deutlich sauberer ist. Auch in der $CO_2$-Bilanz schneidet Gas im Vergleich zu Braun- oder Steinkohle viel besser ab. Gaskraftwerke sind keine Dreckschleudern und flexibler als vergleichbare Anlagen auf Kohlebasis. Deshalb passen sie ausgezeichnet als Lückenbüßer oder Übergangslösung, falls Strom schnell ins Netz gespeist werden muss, wenn beispielsweise nicht genügend Wind weht oder die Sonne gerade von Wolken verdunkelt wird.

Im Straßenverkehr wird das Tankstellennetz für die verbrauchsarmen Gasautos dichter, und durch neue Pipelines von Nord

Stream bis Nabucco wird die Versorgungssicherheit besser. Daher wird Erdgas in naher Zukunft trotz politischer Krisen in den Produktions- und Transitländern eine immer wichtigere Rolle im Energiemix spielen. Am mit Abstand größten Gasproduzenten der Welt, der russischen Gazprom, führt daher, Politik hin oder her, kein Weg vorbei. Wem der staatliche Einfluss beim Giganten ein Dorn im Auge ist, mag mit dem privaten Konkurrenten Novatek liebäugeln. Er beliefert mehr als ein Sechstel des russischen Marktes mit Heizgas.

# 45 Minen made in USA

*Investitionen im Land der unbegrenzten Möglichkeiten haben viele Schattenseiten*

Nicht nur Geschäftsleute müssen in Amerika auf der Hut sein. Auch für den Anleger heißt es: Augen auf. Denn trotz Gerede über das Land der Tausend Möglichkeiten und dem Mythos von den vielen Millionären, die dort als bescheidene Schuhputzer ihre Karriere starteten, hängen die Trauben dort sehr hoch. Das gilt auch für die Börsen.

Die Hände weglassen solltest du von Pink Sheet-Aktien. Das sind auf einer außerbörslichen Plattform gehandelte Titel. Sie müssen weder gesetzliche Mindestanforderungen erfüllen noch bei der Securities and Exchange Commission, der US-amerikanischen Börsenaufsicht, registriert sein. Oft entsprechen sie daher nicht einmal den elementarsten Bilanzspielregeln. Geschäfte mit Pink Sheet-Titeln gelten zu Recht als äußerst riskant. Der Name stammt übrigens von der früheren Praxis, Informationen über diese Aktien auf rosafarbenem Papier auszugeben und somit kenntlich zu machen. Die Handelsplattform ist trotz dieses versteckten Warnhinweises zum Sammelbecken für Abzocker geworden – vergleichbar nur mit dem Neuen Deutschen Markt zu Glanzzeiten der Internetblase. Pink Sheet-Aktien werden oft nur indirekt als ADR oder ADS, sogenannte American Depositary Receipts respektive American Depositary Shares, gehandelt. Das sind Hinterlegungsscheine, die eine bestimmte Anzahl deponierter (hinterlegter) Aktien eines ausländischen Unternehmens verkörpern und an ihrer Stelle am US-Kapitalmarkt wie Aktien gehandelt werden. Hauptgrund für diese komplizierte Konstruktion ist, dass bestimmte amerikanische professionelle Investoren, wie staatliche Pensionskassenfonds, Lebensversicherungen oder Kreditinstitute, Beschränkungen beim Kauf ausländischer Wertpapiere unterliegen, diese also nicht direkt kaufen dürfen. Da ADR/ADS wie amerikanische Aktien behandelt werden, können ausländische Unternehmen wiederum auf diese Weise den US-Kapitalmarkt ohne spezielle US-Emission nutzen. Damit werden zwar strenge US-Handelsrichtlinien indirekt erfüllt, aber die Qualität der Anlage ist beileibe nicht garantiert. Im Gegenteil: Einem gefährlichen Versteckspiel ist Tür und Tor geöffnet. Hinter so manchem ADR/ADS versteckt sich Anlageschrott. Als kluger Anleger solltest du ohnehin die Finger von ADR und ADS lassen. Denn mittlerweile lassen sich die amerikanischen Depotbanken die Hinterlegung der Wertpapiere immer fürstlicher vergolden. Bei jeder Dividendenzahlung – und diese erfolgt oft mehrmals pro Jahr – werden happige Spesen in Rechnung gestellt. Die können schon mal zweistellige Prozentbeträge ausmachen. Das grenzt an Abzockerei und ruiniert die Dividendenrendite. Die Originalaktien, so sie denn seriös sind, solltest du auf jeden Fall den amerikanischen Hinterlegungsscheinen vorziehen.

US-Aktien gehören ohnehin nicht in großem Umfang ins Depot. Der Grund ist die amerikanische Erbschaftssteuer. Ja, du hast richtig gehört! Wenn du das Zeitliche segnen solltest, kann sich nämlich Onkel Sam bei deinen Erben melden, selbst wenn du keinen US-Pass besitzt und auch sonst nie einen Fuß auf amerikanischen Boden gesetzt hast. Begründet wird diese jedem Völkerrecht Hohn sprechende Praxis mit dem US-Erbschaftssteuergesetz aus dem Jahre 1916. Fehlt nur noch, dass auch die Russen in Russland US-amerikanische Erbschaftssteuer bezahlen müssen, nur weil sie von einem in Russland verstorbenen Verwandten US-Aktien geerbt haben.

Allein das Halten von US-Direktanlagen zum Zeitpunkt des Ablebens kann eine US-Erbschaftssteuer von gut einem Drittel des Vermögenswertes nach sich ziehen. Es spielt dabei keine Rolle, wo die betroffenen US-Wertpapiere tatsächlich aufbewahrt werden. Ab einem Freibetrag von mindestens 60 000 Dollar kann die Steuer fällig werden – sobald der amerikanische Staat davon Wind bekommt. Dies gilt insbesondere für Schweizer Steuerbürger, da das entsprechende Doppelbesteuerungsabkommen zwischen der Schweiz und den USA sehr streng ausgelegt werden kann.

Anleger sollten sich auch von einer beispiellosen Hausse des amerikanischen Leitindexes Dow Jones nicht blenden lassen. Er spiegelt die US-Wirtschaft nur sehr ungenau wider. Die 30 im Index vertretenen Aktien sind eher willkürlich ausgewählt. In der Frühzeit bestand der Dow Jones hauptsächlich aus Aktien von Eisenbahngesellschaften. Von den ursprünglichen Bestandteilen ist nur noch General Electric an Bord. Unabhängig von der Marktgröße werden die Kurse bei der Berechnung des Indexstandes einfach addiert. Die Aktie des bedeutenden Computerunternehmens Apple etwa sucht man darin vergeblich. Der Dow Jones hat mit der US-Wirtschaft soviel gemeinsam wie der Eurovision Song Contest mit der Europäischen Musikszene.

# 46 Eiskalter Engel
*Sei hart und konsequent,*
*wenn du ein Profi werden willst*

Es soll Anleger geben, die verlieben sich regelrecht in die Aktien, die sie im Depot halten. Nichts ist perverser als das. Aktien sind Papier und nicht aus Fleisch und Blut. Selbst wenn du einen Titel lange Jahre besitzt und er dir beispielsweise als Dividendenperle verlässlich Jahr für Jahr regelmäßig hohe Ausschüttungen garantiert hat, musst du, herzloser Anleger, bereit sein, dich Schlag auf Fall von deiner Aktie zu trennen. Dann etwa, wenn ein Bilanzskandal an der Ehrlichkeit des Managements zweifeln lässt. Oder wenn die Geschäftszahlen so grottenschlecht sind, dass sogar das ganze Geschäftsmodell der Firma infrage gestellt werden muss. Oder wenn das einzige marktreife Medikament einer Biotech-Firma in der alles entscheidenden klinischen Studie versagt hat. Dann gibt es nur eins, und zwar egal ob nun deine Aktie im Plus oder im Minus steht: weg damit. Als reifer Anleger musst du unbedingt hart und konsequent sein. Liebe oder die Hoffnung, dass sich vielleicht ja wieder alles zum Guten wendet zwischen dir und deinem Aktienschatz, ist hier fehl am Platz. In diesem Fall musst du unerbittlich auf den Verkaufsknopf drücken.

Was passiert, ist schnell Schnee von gestern. In der Börsenwelt zählt nur die Beurteilung der Gegenwart. Es läuft nicht mehr? Deine langjährige Lieblingsaktie ist auf dem Weg zum Renditekiller, weil sich der Wind gedreht hat? Klammere dich nicht fest. Es gibt Besseres auf dem Markt. Also dann: Liebling, lass uns scheiden!

# 47 Auf die Nachzügler setzen
*Nebenwerte spielen irgendwann einmal die Hauptrolle*

Eine Börsenhausse läuft stets nach demselben Drehbuch. Zuerst steigen die Standardwerte, und wenn die eine Weile gut gelaufen sind, werden die etwas kleineren „Nebenwerte" entdeckt. Der Name tut dieser Kategorie von Aktien gewaltig unrecht. Denn die Titel aus dem zweiten Glied haben es sprichwörtlich in sich. Im klassischen Börsenzyklus beginnt eine Hausse mit Standardwerten, weil diese den in der Baisse gebeutelten Investoren am sichersten erscheinen. Weil sie dem Anstieg der Aktienkurse noch nicht so recht trauen, wollen sie zunächst nur in große, bekannte und liquide Titel investieren, die sie gegebenenfalls auch rasch wieder verkaufen können. Mit steigenden Aktienkursen schnellen die Bewertungen regelmäßig in die Höhe. Irgendwann werden die Standardwerte den Anlegern dann doch zu teuer, aber da die Hausse weitergeht, wollen sie aus Aktien nicht generell aussteigen. Jetzt entdecken sie die Nebenwerte. Mit der Hausse ist gleichzeitig die Risikoscheu gesunken. Die geringen Umsätze, die schlechte Handelbarkeit und der hohe Spezialisierungsgrad von Nebenwerten schrecken immer weniger Anleger. Die Hausse in den Nebenwerten ist eine Welle, auf der sich vorzüglich reiten lässt. Sie ist fast so zuverlässig wie die Brandung am Atlantik.

Nebenwerte werden zunächst vergessen, denn die Analysten der Banken decken sie kaum ab, und viele Journalisten kennen sie nicht. Zudem ist bei kleinen Unternehmen die Gefahr größer, dass man nicht oder zu spät informiert wird. Mittlerweile haben aber die kleineren und mittleren Unternehmen (KMU) reagiert und betreiben eine offenere Informationspolitik mithilfe ihrer Abteilungen für Kommunikation oder für Investor Relations. Manchmal kann man sich als Investor sogar vom Finanzchef oder vom Geschäftsführer direkt informieren lassen. Vor dem Kauf eines Nebenwertes sollten sich Anleger genau anschauen, wie transparent ein Unternehmen arbeitet, also wie offen und ehrlich die Kommunikation ist und wie aussagekräftig die Geschäftsberichte sind. Die Liquidität einer Aktie ist zwar wichtig – denn je weniger Umsatz sie an der Börse erzielt, desto heftiger können die Kursschwankungen sein –, aber oft sorgen Banken als Handelspartner und sogenannte Market Maker dafür, dass eine bestimmte Mindestmenge handelbar ist. Da die am Anfang einer Hausse vergessenen Nebenwerte plötzlich im Rampenlicht stehen, ergeben sich von der Marktenge getrieben rasch schöne Kurssteigerungen. Ein guter Moment, um zu investieren, liegt vor, wenn die Standardwerte gemessen am Kurs-/Gewinn-Verhältnis rund ein Viertel teurer zu haben sind. Dann kann sich die Welle aufbauen. Ist die Bewertungslücke zu den Standardwerten geschlossen, kannst du an Gewinnmitnahmen denken.

# 48 Am liebsten ganz ohne Steuern (CH)

*Nennwertrückzahlungen und Ausschüttungen aus Kapitalreserven sind besser als Dividenden*

Gerade in wirtschaftlich unsicheren Zeiten bewährt sich die Strategie, auf Aktien mit hohen Dividendenausschüttungen zu setzen. Damit lassen sich längere Durststrecken gut überbrücken. Die Ausschüttung tröstet über magere Börsenjahre hinweg. Langfristig laufen Dividendenperlen an der Börse sehr gut. Das zeigen viele Untersuchungen.

Das waren noch Zeiten: Vor 1992 mussten Aktien in der Schweiz mindestens einen Nennwert von 100 Franken aufweisen. Heute reicht ein Rappen. Viele Aktiengesellschaften nutzen diese gesetzliche Erleichterung, um den Nennwert ihrer Aktie herunterzusetzen und ihren Anlegern die Differenz zwischen dem alten und dem neuen Nennwert als in der Schweiz steuerfreie Auszahlung zukommen zu lassen.

Anleger erhalten damit den „Fünfer und das Weggli", was so viel heißt wie: „Sie schlagen zwei Fliegen mit einer Klappe." Sie bekommen eine Ausschüttung, und diese ist auch noch steuerfrei. Da in der Schweiz keine Kapitalgewinnsteuer anfällt, gilt auch die Nennwertrückzahlung als steuerfreier Ertrag. Dasselbe gilt auch für Rückzahlungen aus Kapitalreserven. Hat ein Schweizer Unternehmen zu viel Geld (was häufiger schon mal vorkommt), so kann es diese als Reserven an die Aktionäre ausschütten. Auch diese Art der Dividendenzahlung ist steuerfrei.

Kein Wunder also, dass Gesellschaften, die ihre Aktionäre dermaßen verwöhnen, an der Börse gut laufen. Die Hälfte der Börsengewinne mit Dividendenperlen entfallen auf die üppige Ausschüttung. Die andere Hälfte auf Kurssteigerungen. Durch die steuerfreien Dividenden erhöht sich die Rendite für den cleveren Privatanleger weiter deutlich. Eine Studie der UBS hat herausgefunden, dass Aktien von Unternehmen, die Nennwert statt Dividende zahlen, vier bis fünf Monate vor dem Nennwertabschlag an der Börse sogar um 8 Prozent besser abschneiden.

# 49 Spekuliere nicht mit Währungen

*Kurzfristig lassen sich die Bewegungen von Dollar und Co. kaum vorhersagen*

Ein weiterer großer Börsenspekulant ungarischer Abstammung, George Soros, alias György Schwartz, hat mit einer Devisenwette eine Milliarde Dollar verdient. Er war der Meinung, dass das britische Pfund 1992 maßlos überbewertet sei. Er tauschte geliehene Pfund in andere europäische Währungen, hauptsächlich Deutsche Mark und Französische Francs, und zwang durch das schiere Volumen seiner Transaktion die Bank von England in die Knie. In dieselbe Machtposition wie George Soros kommen allerdings nur ganz wenige Sterbliche.

Währungen unterliegen oft ähnlich heftigen Schwankungen wie Aktien. Haben sie einen Lauf, tendieren sie zum Überschießen. Sieht die halbe Finanzwelt für ein Land schwarz, geht es mit seiner Währung übertrieben stark bergab. Du als Anleger kannst daraus kaum Profit schlagen. Zwar überschlagen sich die Angebote von Anbietern von Währungswetten, und die FX-Trader (FX steht für Foreign Exchange oder Forex) locken mit Gebühren im Bereich einiger Millionstel der investierten Summe. Doch was nützt das, wenn du all dein eingesetztes Geld in wenigen Stunden verlierst, falls es mit deiner Währungswette nicht so läuft, wie du es dir gedacht hast? Mit Speck fängt man bekanntlich Mäuse. Die niedrigen Gebühren und die hohen Gewinnversprechen im Währungskasino verlocken leider viele zu einem Glücksspiel, das ähnlich wie Roulette süchtig macht. Am Ende steht oft der Totalverlust des Einsatzes oder dann doch die Nachzahlung für ein neues Glücksspiel, um im Rennen zu bleiben.

Der Kursverlauf von Währungen hängt langfristig vom Zinsniveau und der Wirtschaftsleistung ab. Bei schwacher Wirtschaft helfen hohe Zinsen, die Währung zu stützen. Irgendwann versagt aber dieses Mittel, und dann stürzt die Währung ab. Nur weiß niemand genau wann. Umgekehrt kann es lange dauern, bis eine abgestürzte

Währung wieder die Kurve kriegt, weil das Vertrauen in das Land und dessen Papiergeld beschädigt ist. 1994 zog die amerikanische Zentralbank die Zinsschraube an. Alle Anlageberater waren sich darum einig, dass die Zinswende den US-Dollar in die Höhe treiben würde. Das Gegenteil war aber überraschenderweise der Fall. Der US-Dollar fiel noch viele Monate lang gegenüber Schilling, Franken und D-Mark. Anleger, die mit Call-Optionen auf einen steigenden Dollar gesetzt hatten, mussten zusehen, wie ihre Anlagegelder dahinschmolzen. Viele erlitten einen Totalverlust. Der Kursverlauf einer Währung ist kurzfristig nicht vorhersehbar. Langfristig wiederum machen Währungsspekulationen aber keinen Sinn, weil die Kosten dafür zu hoch sind. Für dich, lieber Anleger, der du ja langfristig denkst, heißt die Devise nur: Finger weg von reinen Währungsgeschäften. Meide vor allen Dingen den US-Dollar. Die Vereinigten Staaten schieben eine gigantische Schuldenlast vor sich her. Viele Städte sind pleite. Aus diesem Dilemma kann sich das Land nur retten, indem es immer mehr wertlose grüne Dollarnoten druckt. Auf lange Sicht wird der US-Dollar immer eine Schwindsuchtwährung bleiben. Aber selbst wenn du auf einen fallenden Dollar setzen willst: Es gab schon Zeiträume, da hielt er sich eine Weile überraschend gut.

# 50 Kleine kommen ganz groß raus

*KMU sind nicht nur das Rückgrat der Wirtschaft, sondern auch große Gewinnbringer*

Gebetsmühlen gleich klingt es aus Politikermunde: KMU, also die kleinen und mittleren Unternehmen, sind das Rückgrat unserer Wirtschaft, ob in Deutschland, Austria oder Helvetien. Nur leider tun die hiesigen Politiker recht wenig für sie. Denn mit immer mehr administrativen Lasten überladen, kämpfen die ganz Kleinen unter ihnen ums Überleben, und weder die Banken noch der Staat helfen ihnen so richtig dabei. Viele börsenkotierte KMU sind jedoch über all die langen Jahre wirtschaftlich effizient geworden, weil sie allen Widrigkeiten zu trotzen gelernt haben. Sie sind dadurch rank und schlank und wissen genau, was sie herstellen und anbieten müssen, um nicht nur über die Runden zu kommen, sondern um bei den Konsumenten erfolgreich zu sein.

Bei Großunternehmen weiß manchmal die rechte Hand nicht, was die linke tut. Nebenwerte schlagen die großen bekannten Titel im langfristigen Renditevergleich. Das klingt überraschend, hat aber seinen guten Grund. Denn KMU sind besonders auf langfristigen Erfolg ausgerichtet. Meist sind es Familienunternehmen, die nicht im Auftrag von teuer bezahlten Managern geführt werden. Topmanager agieren oft kurzfristig und hauptsächlich mit Blick auf den eigenen Geldbeutel. Die laufenden Skandale sprechen für sich. Familienunternehmen hingegen denken für Generationen in die Zukunft. Sie sind konservativ und daher solide finanziert. Familienunternehmen sind viel sozialer ausgerichtet als multinationale Großunternehmen. Darum binden sich auch die Mitarbeiter stärker an das Unternehmen: Es kommt zu weniger Personalwechsel, die Kosten bleiben relativ niedrig. Kurz: KMU sind klar ausgerichtet und gehen mit dem Geld der Aktionäre äußerst sorgfältig um. Darum ist es nicht erstaunlich, dass sie die Großen auch an der Börse langfristig nachweisbar ausstechen und das unabhängig von den Wellenbewegungen an der Börse (siehe auch Kapitel: Auf die Nachzügler setzen, S. 102).

Schaue dich als aufmerksamer Anleger doch einfach einmal um. Du findest sicherlich in deiner Umgebung KMU, die hervorragende Produkte oder Dienstleistungen anbieten, wo das Management seit vielen Jahren stabil ist, und wo die Mitarbeiter gern zur Arbeit gehen. Ist das Unternehmen finanziell gesund und werden die Anteilscheine an einer Börse gehandelt, hast du vielleicht gerade eine vielversprechende Aktienperle entdeckt.

Falls dir kein derartiges Unternehmen ins Auge springt, kannst du auch eine der vielen börsennotierten Gesellschaften oder Fonds kaufen, die sich auf das Halten von Beteiligungen an KMU spezialisiert haben. Im „Börsendeutsch" bezeichnet man KMU übrigens als small and mid caps, weshalb du oft diese Bezeichnung bei den Fondsanbietern wiederfindest.

# 51 Luxus für jedermann

*Wenn du dir schon Luxus nicht leisten kannst oder willst, dann kaufe wenigstens Luxusaktien*

Trotz Arbeitslosigkeit und Kriegen, trotz Umweltverschmutzung und Zukunftsängsten: Vergleicht man die Welt von heute mit der Situation, wie wir sie vor rund 100 Jahren vorfanden, so hat sich doch Vieles zum Positiven hin geändert. Dazu gehört auch, dass sich fast jeder hin und wieder etwas Luxus gönnen kann. Selbst in Krisenzeiten klammern sich die Verbraucher gern an altbekannte klassische große Marken – und sei es nur in Form eines kleinen schicken Louis Vuitton-Täschleins.

Aktien von Luxusgüterfirmen sind daher eine sehr gute Anlage. Ihre Börsenkurse unterliegen zwar nach wie vor größeren Schwankungen, da sie als konjunkturanfällig gelten. Aber das stimmt nur bedingt. Nur wenn die gesamte Weltwirtschaft in eine große Rezession schlittert, geht es auch mit den Luxusfirmen bergab. Denn irgendwo auf der Welt gibt es immer gerade eine aufstrebende Klientel, die sich schöne Dinge leisten möchte. Vor allem in den rasch wachsenden Schwellenländern schlagen die Konsumentenherzen höher. Die Mittelschicht wird dort immer breiter, und sie ist es, welche die Verkaufszahlen von Firmen wie Louis Vuitton Moët Hennessy (LVMH), die neben Modeartikeln auch teuren Champagner und Cognac herstellt, in die Höhe treiben. Neben LVMH gibt es in Frankreich noch den Mode- und Parfumkonzern Christian Dior oder die Gruppe Kering SA, zuvor PPR. Die ehemalige Pinault-Printemps-Redoute ist ein breit diversifiziertes französisches Luxusgüterunternehmen und gleichzeitig Mehrheitsaktionär beim deutschen Sportartikelhersteller Puma. Von einem Familienkaufhausunternehmen hat es sich konsequent zum Luxus- und Lifestyle-Konzern entwickelt. Dazu zählen jetzt große Namen wie die Modelabel Gucci, Yves Saint Laurent, Brioni oder Stella McCartney. Seit 1988 ist die Gruppe an der Börse von Paris kotiert und gehört zu den Indexwerten des französischen Börsenbarometers CAC 40. Kering hat damit alles richtig gemacht, was der deutsche Kaufhauskonzern Karstadt, der am Schluss nur noch für einen symbolischen Euro wie Sauerbier weiterverschachert wurde, falsch machte.

An der Schweizer Börse in Zürich kannst du, cleverer Anleger, beispielsweise auch die Aktien des Luxus-Weltkonzerns Richemont kaufen. Dazu gehören weltbekannte Uhren-Marken wie Piaget, A. Lange & Söhne, Jaeger-Lecoultre, Vacheron Constantin, Officine Panerai, IWC, Baume & Mercier und Roger Dubuis, aber auch die teuren Schreibwerkzeuge von Montblanc. Alfred Dunhill, Lancel, Chloé, Net-A-Porter und Purdey sind weitere Marken unter dem Dach des Multis Richemont.

Noch mehr auf Luxusuhren, aber auch auf Modeuhren mittlerer Preisklasse ausgerichtet ist die Swatch Group, weshalb man sie an der Zürcher Börse auch einfach nur „Uhren Namenaktien" nennt. Beide Schweizer Uhrenkonzerne, sowohl Richemont als auch Swatch, setzen sehr stark auf den chinesischen Markt, wo Schweizer Qualitätsuhren reißenden Absatz finden. Luxus muss man sich als Anleger einfach gönnen – und sei es nur in Form von Luxus-Aktien.

## 52 Die ersten 100 Tage abwarten
*Nutze die Psychologie des Topmanagements aus*

Manager sind wie das Isotop Cobalt 57. Sie haben eine kurze Halbwertszeit. Topmanager geben sich heutzutage in den Teppichetagen immer schneller die Klinke in die Hand, und das hat sehr kuriose Folgen für die Aktienkurse der von ihnen geführten Firmen. Meist läuft folgendes Schema ab, das der clevere Anleger ausnutzen kann: Wird ein Topmanager als Feuerwehrmann zur Rettung einer kränkelnden Firma an Bord geholt, macht der Aktienkurs meist einen kleinen Freudensprung.

Sucht eine Firma also händeringend einen neuen Chef, kannst du gut eine Wette wagen. Kaufe die Aktien der suchenden Firma. Denn der „Neue" bekommt bei seiner Nominierung von der Börse regelmäßig ordentlich Vorschusslorbeeren. Auf diesen darf er sich natürlich nicht ausruhen. Jetzt kannst du ruhig schon einmal über Gewinnmitnahmen nachdenken, falls du gerade Geld brauchst. Denn nach 100 Amtstagen arbeitet der Neue bereits an seinem ersten Zahlenkranz, den er der Finanzgemeinde präsentieren möchte. Du kannst fast sicher sein, dass erst einmal sämtliche Leichen aus dem Keller geholt werden. Man nennt das auch „klar Schiff machen". Der Neue hat nämlich genau jetzt die einmalige Chance, dem „Alten" eins auszuwischen. Je schlechter er seinen Vorgänger dastehen lässt, desto besser für ihn selbst. „Ich habe einen Scherbenhaufen übernommen", hört man ihn oft sagen. Das lässt die neue Aufgabe noch titanischer erscheinen. Und so wird in den Quartals-, Semester- oder Jahresbericht – je nachdem welcher gerade ansteht – alles an Üblem hineingepackt, was sich finden lässt. Das führt an der Börse meist zu einem kleinen Schock. Nun verkaufen die „schwachen Hände". Der Aktienkurs macht einen kleinen Taucher. Dadurch bieten sich wiederum hervorragende Einstiegskurse. Jetzt ist der Moment gekommen, so richtig auf die Wende zum Guten zu setzen. Die Aktie kann sich zum heißen „Turnaround"-Kandidaten mausern (siehe auch Kapitel: Turnaroundstories sind die besten Stories, S. 159).

Ziel des Neuen wird es nämlich sein, genau nach einem Jahr gut da zu stehen, wenn die Anleger und Börsenanalysen die von ihm präsentierten Zahlen mit dem vergleichen, was er von seinem Vorgänger „geerbt" hat.

Das erhöht den Marktwert des Turnaroundmanagers. Er kann sich für teures Geld wieder abwerben lassen, und das Spiel kann woanders von Neuem beginnen. Die Aktie des einst kränkelnden Unternehmens erscheint plötzlich in neuem Glanz. Die Zahlen haben sich vor allem im Vergleich zu früher deutlich gebessert. Der Aktienkurs hat sich erholt. Die Wende scheint geschafft. Rechtzeitig eingestiegene Anleger können jetzt fette Gewinne mitnehmen.

Zugegeben: Meine Beschreibung eines Sesselwechsels in den oberen Etagen ist etwas überzeichnet. Es steckt jedoch ein ganz gehöriges Stück Wahrheit dahinter. Anleger können solche Managementzyklen hervorragend zu ihrem eigenen Vorteil ausnutzen. Auch hier kommt es auf das richtige Timing an.

# 53 Schönheit fängt im Mund an
## Von Straumann bis Dentsply

Für nichts sind die Menschen bereit, mehr Geld auszugeben, als für die Schönheit. Klar, dass Shampoos, Antifaltencremes und allerlei Parfum immer Konjunktur haben. Aber ganz großes Geld verdient man mit etwas mehr Biss. Damit meine ich nicht etwa aggressives Hin und Her bei Börsentransaktionen, sondern den Zahnbogen, das menschliche Gebiss. Früher wurden Zahnstellungsfehler, ja sogar fehlende Zähne, als gottgegebenes Schicksal hingenommen. Heute greift der Kieferorthopäde ein. Ein Multimilliardenmarkt ist entstanden, mit imposanten und oft zweistelligen Wachstumsraten. Zahngesundheit und Gesichtskosmetik werden immer wichtiger. Selbst wenn die Krankenkassen nur einen Bruchteil der Kosten übernehmen, sind immer mehr Menschen und vor allem besorgte Eltern bereit, für ein strahlendes Lächeln tief ins Portemonnaie zu greifen. Schöne Zähne scheinen jeden Preis zu rechtfertigen. In der Medizintechnik ist daher die Kieferchirurgie einer der stärksten Marktreiber, und die auf Implantate spezialisierten Firmen sind eine gute Langfristanlage.

In der Schweiz sitzen die beiden Weltmarktführer: das schwedisch-schweizerische Unternehmen Nobel Biocare/Danaher mit operativem Sitz in Göteborg und Straumann im beschaulichen Kanton Basel. Wenig beschaulich geht es mit deren Aktien zu. Einerseits liefern sie sich gern ein Wettrennen, andererseits zeigen sie große Kursschwankungen, da ihre Profite auch von der Gesundheitspolitik der Länder abhängen, in denen sie ihre Brücken, Stifte und Kronen verkaufen. In vielen verschuldeten Industrieländern wird versucht, die Patienten stärker an den Kosten des Gesundheitswesens zu beteiligen, und sobald ein Eingriff in Richtung ästhetische Chirurgie geht, schlägt die Stunde der Selbstzahler. Mit zunehmender Kaufkraft der Patienten tritt jedoch die Preisfrage in den Hintergrund. Darum ist eine Wette auf den langfristigen Erfolg der Marktführer recht sicher.

Auch im Mutterland des blendend weißen Gebisses, den Vereinigten Staaten, gibt es mit Dentsply ein breit diversifiziertes Mundgesundheitsunternehmen, das nicht nur Implantate, sondern auch Füllungen herstellt. Und dass der Markt lukrativ ist, zeigt die Übernahmedynamik. Die US-amerikanische Danaher Corporation hat die Schweizer Nobel Biocare geschluckt. Wahrscheinlich wird ihnen der Brocken auch munden.

# 54 Kaufe Firmen, keine Kurse
*Der Preis ist gar nicht mal so wichtig,
er ist nur ein Etikett*

Der Börsen- und Finanzexperte André Kostolany machte sich immer über die Chartanalysten lustig. Für ihn war die Analyse von Börsencharts „eine Wissenschaft, die vergebens sucht, was Wissen schafft". Er bezeichnete das Deuten von Schulter-Kopf-Schulter- und Untertassenformationen als „Geldmord". Ich bin nicht ganz so streng und sehe in den Fieberkurven der Charts durchaus psychologische Wegweiser, die dem reifen Anleger das Auslösen von Verkaufs- und Kaufentscheidungen erleichtern. Aber eines ist klar: Das Betrachten der Kursverläufe von Aktien darf nie der alleinige Grund für die Auswahl eines Titels sein.

**Ein weiser Anleger wird sich eine Art buddhistische Ausgeglichenheit aneignen und sich vom Hin und Her der Kurse lösen.**

Nein, ich spinne nicht. Der Aktienkurs ist nur eine Momentaufnahme, eine Art Preisetikett, über dessen Berechtigung man vortrefflich streiten kann. Teuer oder preisgünstig? Das ist zwar immer die Frage, doch wer Aktien kauft, kauft keine Kurse, sondern Anteile an Unternehmen. Das bedeutet, dass der Kurs eine viel geringere Bedeutung hat, als man gemeinhin annimmt. Es gibt Börsenzeiten, da ist einfach alles ein wenig teurer oder sogar deutlich teurer, weil keine Alternativen vorhanden sind. Wenn die Zinsen, die es auf dem Sparbuch gibt, bei null liegen, und auch Anleihen mit einer Null vor dem Komma rentieren oder gar Negativzinsen abwerfen, können Aktien kein billiges Preisetikett tragen. Dann müssen sie teuer sein. Dauert diese „Nullzinsperiode" lange, dann macht es wenig Sinn, auf den Kauf der vermeintlich teuren Aktien zu warten oder gar zu verzichten. Der ehemalige Chief Investment Officer der Crédit Suisse sagte mir einmal, er kaufe eigentlich immer Aktien, wenn er gerade das Geld dazu hat und er von den Unternehmen seiner Wahl überzeugt ist. Den richtigen Preis finde man ohnehin nicht.

Das ist sicherlich eine extreme Ansicht, aber ganz langfristig gedacht auch nicht falsch. Entscheidend ist, ob das Aktienunternehmen Zukunft hat und ob es in absehbarer Zeit überhaupt Alternativen zum Kauf von Aktien gerade dieses Unternehmens gibt.

# 55 Fahre nie mit angezogener Handbremse
*Wer an der Börse Geld verdienen will, muss auch einmal mutig sein*

Wer wenig Geld hat, der kann natürlich nicht Hunderttausende an der Börse investieren. In so einem Falle muss der Einstieg langsam und über einen Anlagefonds erfolgen. Aber selbst Leute, die über 100 000 oder 1 000 000 Euro oder Schweizer Franken verfügen, gehen oft übervorsichtig zu Werke. Angst vor der eigenen Courage könnte man das auch nennen. Wenn die Kurse fallen, kaufen diese Anleger nicht oder nur in homöopathischen Dosen. Kostolany meinte dazu nur:

„Wer die Papiere nicht hat, wenn sie zurückgehen, hat sie auch nicht, wenn sie steigen."

Wenn es mit der Börse bergauf geht, steigen die ach so vorsichtigen Anleger jedoch plötzlich groß ein. Das hat Folgen. Anleger, die so handeln, fahren die Aktienquote genau dann hoch, wenn sie diese eigentlich senken sollten. Da sie in der Baisse mit angezogener Handbremse fahren und aus Furcht kaum zukaufen, sitzen sie bei der Trendwende plötzlich auf einem Sack Geld und wissen nicht wohin damit. Dann kaufen sie plötzlich irgendetwas zusammen. Ihr durchschnittlicher Kaufkurs steigt in die Höhe, weil sie ja den fleißig steigenden Kursen hinterher hecheln. In der Folge sinkt ihre Gesamtrendite (siehe auch Kapitel: Im Einkauf liegt der Gewinn, S. 43).

Wer an der Börse Geld verdienen will, muss mutig sein. Kostolany meinte dazu süffisant: „Alkohol kann die Fantasie stimulieren, unnütze Hemmungen beiseite räumen, und das ist sehr oft besonders günstig." Das ist gar kein so schlechtes Rezept. So manches Mal kann es gerade an der Börse sehr nützlich sein, bestehende Hemmungen abzubauen, und zwar gerade dann, wenn es um den Einstieg geht. Mutige Anleger sollten die Handbremse lösen und losfahren.

# 56 Obligationenfonds sind kapitaler Unsinn
## Von Anleihenfonds profitiert höchstens die Bank

Anleihen sollten in erster Linie Parkplätze sein, Parkplätze fürs Geld. Hast du, erfolgreicher Anleger, sehr viel Geld zu parken (oder parkieren, wie der Schweizer sagt), wirst du an einer Risikostreuung nicht vorbeikommen. Ähnlich wie bei Aktien (siehe auch Kapitel: Lege nicht alle Eier in einen Korb, S. 86) wirst du nicht nur einen einzigen Bond kaufen. Denn es könnte ja sein, dass ausgerechnet diese Anleihe ausfällt, weil der Firma, dem Staat oder der Gebietskörperschaft, die sie herausgegeben hat, das Geld ausgegangen ist. Also brauchst du wahrscheinlich mehrere Anleihen von ganz verschiedenen Emittenten. So kannst du im Falle eines Falles einen Ausfall besser verkraften. Allerdings solltest du nicht auf die Idee verfallen, dir einen Obligationenfonds zuzulegen. Damit hättest du zwar das Risiko breit gestreut, aber gleichzeitig auch die Kosten gewaltig erhöht. Die Manager von Anleihefonds verlangen nämlich Managementgebühren für die Pflege des aus Anleihen bestehenden Fondsvermögens, und gerade wenn die Zinsen im Keller sind, fressen diese Gebühren schnell die Hälfte deiner Rendite weg. Es wird dir als renditebewusstem Anleger nichts anderes übrig bleiben, als Anleihen direkt zu kaufen und nicht über den Umweg eines Obligationenfonds. Du solltest deine Anleihen zusammen mit deinen Aktien als einen großen Korb voller Eier betrachten, von denen halt einmal eines faul sein kann (siehe auch Kapitel: Lege nicht alle Eier in einen Korb, S. 86).

Obligationenfonds machen also für den reifen Anleger keinen Sinn. Es gibt allerdings eine Ausnahme: Das sind die High Yield Bonds oder Junk Bonds. Das sind Hochrisikoanleihen, die hohe Zinsen ausschütten. Der Preis für die guten Renditen ist selbstverständlich auch ein erhöhtes Ausfallrisiko. Um dieses zu streuen, lohnt sich der Kauf von High Yield Bond-Fonds, also Anleihefonds für die riskanteren unter den Anleihen. Wenn darin die ein oder andere Anleihe als eine von vielen Dutzenden ausfällt, kompensiert der hohe Zinsertrag der übrigen Depotwerte langfristig diesen Verlust. High

Yield Bond-Fonds sind besonders interessant, wenn die Wirtschaft aus einer Talsohle herausfindet, denn dann sind die Zinsen, welche die Unternehmen zahlen müssen, noch niedrig, und gleichzeitig steigen die Einnahmen der Unternehmen wieder, wodurch die Wahrscheinlichkeit gering wird, dass einer der Schuldner aus dem High Yield Bond-Fonds in Not gerät.

## 57 Der Montag und der Januar bestimmen die Tendenz
*Wie der Montag so die Woche, wie der Januar so das Jahr*

Kalenderweisheiten haben so ihre Tücken. Aber im langfristigen statistischen Vergleich gibt es einige Regeln im Wochen- und Jahresablauf an den Börsen. So ist statistisch verbürgt, dass nicht etwa der vielgescholtene Wonnemonat Mai der schlechteste Börsenmonat ist, sondern der Sonnenmonat September. Im Dax schlägt er mit Abstand alle anderen Monate – im negativen Sinn. Seine jahrzehntelange Durchschnittsperformance ist deutlich im roten Bereich. Niemand kann sich aber so genau erklären warum. Darum ist es nicht gut, sich auf Kurskorrekturen im September zu verlassen.

Vernünftig und erklärbar sind hingegen zwei andere Kalenderregeln, die sich zu einer einzigen zusammenfassen lassen: „Der Montag und der Januar bestimmen die Tendenz." Ist der Januar ein guter Monat, so wird auch das ganze Jahr gut. Ist der Januar verhagelt, so wird auch das ganze Jahr schlecht. Beim amerikanischen Dow Jones gilt diese Regel seit dem Zweiten Weltkrieg in vier von fünf Fällen. An anderen Börsen der Welt sieht es ähnlich aus.

Derselbe Mechanismus wie für den Jahresstart gilt auch für den Start in die Woche. Ein schlechter Montag verheißt nichts Gutes. Die Anleger ziehen sich schon von Anfang an zurück, und kommt dann während der Woche eine schlechte Nachricht, verstärkt sich diese Tendenz im Sinne eines sich selbst bestätigenden Vorurteils. Fürs Timing von Aktienkäufen und Verkäufen bedeutet dies, dass nach einem schlechten Wochenstart oft noch ein weiterer Tiefschlag folgt. Wer also in so einer Woche zukaufen will, kann sich ruhig noch etwas Zeit lassen. Für Verkäufe gilt dasselbe, allerdings mit anderem Vorzeichen.

# 58 Buch dir den Buchwert ein
*Das KBV wird viel zu wenig beachtet*

Das Kurs-Buchwert-Verhältnis (KBV) ist neben dem Kurs-Gewinn-Verhältnis die wichtigste Kennzahl einer Aktie. Sie gibt Aufschluss über den Substanzwert, also darüber, ob der Aktienkurs in einem angemessenen Verhältnis zum materiellen Vermögen der Gesellschaft steht. Dazu zählt man alles zusammen, was an Werten in der Firma steckt, und vergleicht es mit dem Marktwert der Aktie an der Börse. Um den Marktwert, auch Marktkapitalisierung genannt, zu erhalten, muss man die Anzahl der ausstehenden Aktien mit dem Börsenkurs multiplizieren. In der Regel ist dieser größer als der Buchwert, denn schließlich sind die materiellen Vermögen einer Firma ja dazu da, um weiteren materiellen Zugewinn, sprich Profit, zu schaffen. Es gibt aber immer wieder Phasen und Branchen, in denen der Marktwert im Verhältnis zum Buchwert auf Tauchstation geht. Sinkt er unter den Quotienten Eins, dann ist eine Firma echt billig. Denn ein Buchwert unter eins bedeutet nichts anderes, als dass der Käufer die Einrichtungsgegenstände, Anlagen, Immobilien und Patentrechte und was die Unternehmung sonst noch alles in ihrem Besitz hält, zu einem Rabatt bekommt. Zusätzlich gibt es das tägliche Geschäft quasi gratis oben drauf. Arbeitet die Firma trotz dieser niedrigen Bewertung mit Gewinn, handelt es sich beim Kauf solcher Aktien also um echte Schnäppchen.

Phasen unter Buchwert zeugen meist von ausgesprochen großer Verunsicherung der Investoren. Kluge Anleger nutzen das aus, denn wenn eine Aktiengesellschaft, die unter Buchwert gehandelt wird, Gewinn macht und das Geschäftsmodell Zukunft hat, muss man einfach zugreifen. Dann kann fast nichts schief gehen. Denn mittlerweile sind die Firmen dazu verpflichtet, ihren Buchwert sehr konservativ zu berechnen. Schummeleien können strafrechtliche Konsequenzen haben. Unter Buchwert ist gleichbedeutend mit: Sonderschlussverkauf.

# 59 Lass dich nicht ausstoppen
*Limits mit Bedacht setzen*

„Ich behaupte, dass die Rolle der Psychologie im Börsengeschehen gar nicht überschätzt werden kann: Kurz- und mittelfristig macht sie 90 Prozent aus", meinte Altmeister Kostolany, und im Großen und Ganzen hat er Recht. Nur leider kann sich der Anleger der Psychologie nur in einigen seltenen, genau definierten (und in diesem Buch beschriebenen) Fällen bedienen, um selbst gute Geschäfte zu machen. Eindeutig kann man Übertreibungen an der Börse erkennen. Aber schon das Halten einer Kursunterstützungslinie oder das Durchbrechen derselben ist russisches Roulette. So mancher Anleger kaufte Aktien, weil er eine Bodenbildung des Kurses bei einem bestimmten Kursniveau vermutete, und musste verblüfft erfahren, wie seine Aktie plötzlich die „charttechnische Unterstützungslinie" durchbrach und ins Bodenlose fiel.

Viele Fans von Aktiencharts schwören darum auf das Setzen von Stop Loss-Limits. Wird ein bestimmtes tieferes Kursniveau erreicht, löst das Limit automatisch den Verkauf der gehaltenen Aktienposition aus. Nur setzen viele verschiedene Anleger an ein und demselben Tag gleichzeitig Stop Loss-Order und das bei unterschiedlichen, nahe beieinanderliegenden Kursniveaus. Die Folgen sind bekannt. Plötzlich setzt sich die Lawine in Bewegung und reißt alles mit. Verkaufsauftrag nach Verkaufsauftrag wird ausgeführt. Die Aktie fällt durch alle Widerstände Richtung Hölle, bis schließlich einige clevere Anleger zugreifen und die Ausverkaufspreise zum Einstieg nutzen. Am nächsten Tag schnellt die ausverkaufte Aktie wie am Bungeeseil wieder nach oben. Kommen dann ein paar Tage später halbwegs gute Nachrichten von der betroffenen Aktiengesellschaft, war der Kurssturz nur eine unglückliche Episode, und die „ausgestoppten" Anleger beschweren sich bitter über den von ihnen losgetretenen Automatismus. Die Aktie notiert wieder deutlich höher und weit über der Unterstützungslinie.

Merke: Automatische Börsengewinne gibt es nicht. Man muss sie sich hart erarbeiten. Deshalb machen Kursautomatismen wie Stop

Loss oder Stop Buy wenig Sinn. Wenn du als vorsichtiger Anleger unbedingt mit Stop Loss arbeiten möchtest, solltest du mit einem Stop Limit-Auftrag arbeiten, einer Spezialform des Stop Loss. Bei Erreichen einer Kursuntergrenze wird der Verkaufsauftrag nur ausgeführt, wenn der Kurs während der Gültigkeit des Auftrages nicht auch unter das Limit fällt, oder er wird während der Gültigkeit des Auftrags ausgeführt, sobald die Aktie das Limit wieder von unten nach oben durchbricht. Stop Limit-Aufträge schützen somit vor vorübergehenden kräftigen Kurverlusten durch den Stop-Mechanismus selbst.

Ein Stop-Limit-Auftrag kann beispielsweise 10 Prozent unter dem aktuellen Kurs gesetzt werden. Für Aktien mit hohen Kursschwankungen oder geringem Handelsvolumen kann auch ein größerer Abstand, beispielsweise 15 Prozent sinnvoll sein. Das verhindert, dass das Verkaufssignal bei ganz normalen Tagesschwankungen ausgelöst wird, was es gerade zu vermeiden gilt. Die Kunst besteht also darin, den Stop nicht zu hoch anzusetzen, weil man sonst die Aktie vorschnell verliert und sich später ärgert, wenn der Titel wieder steigt. Gleichzeitig aber sollte der Stop auch nicht zu tief angesetzt werden, um hohe Verluste zu umgehen. Nach einem Kursanstieg wiederum sollte der Stop ebenfalls nach oben angepasst werden. Sonst droht bei einem Kurssturz ein Verlust der zwischenzeitlichen Gewinne.

# 60 Zieh den Anker hoch

*So mancher Privatanleger ist auch betriebsblind*

Anstatt alle relevanten Informationen vor der Entscheidung nüchtern zu analysieren, neigen Börsenneulinge dazu, sich auf irgendwelche Informationen zu verlassen, die sie gerade aufgeschnappt haben. Diese News sind leicht wieder ins Gedächtnis zurückzurufen. Das sind die frischesten oder emotional attraktivsten Informationen, und sie verfälschen die Realität. Börsenanfänger reagieren in ihrer Einschätzung der Marktlage über, gleichermaßen positiv wie negativ. Statt die nahe zurückliegende Meldung nur als Teil eines Mosaiks zu sehen, wird sie zur alles entscheidenden Tatsache stilisiert. So investieren Anfänger unter Umständen in eine Aktie, nur weil sie in den Medien stark besprochen wurde, oder konzentrieren einen zu großen Anteil ihrer Anlagen in einem Sektor, der momentan Mode ist oder zu dem sie eine versteckte emotionale Beziehung aufgebaut haben.

Eine große Gefahr ist dabei die Unvollständigkeit der individuellen Erinnerung. Das Gehirn tendiert bei mangelnder vollständiger Information dazu, die Lücken einfach selbst aufzufüllen. Und zwar mit dem, was gerade ins Weltbild passt, und das ist wiederum die einseitige Information, die der Anfänger nun einmal definitionsgemäß bloß hat. Die Folge ist eine Verankerung des bestehenden falschen Bildes, das sich der Börsenneuling von seiner Investmentstrategie macht. „Weil nicht sein kann, was nicht sein darf", filtert sein Gehirn alle nicht ins Weltbild passenden Daten heraus.

Kein Börsenneuling ist vor dieser Falle, die ihm das eigene Gehirn stellt, gefeit. Hier hilft nur eines: sich über die nackten Zahlen und Tatsachen der Investments zu informieren und den emotionalen Anker zu lichten. Dazu braucht es sehr viel Selbstdisziplin oder auch durchaus einmal den Rat eines befreundeten Bankers oder Investmentexperten. Die von vielen Banken angebotenen Depotchecks können dem Börsenfrischling gute Dienste leisten und ihn wieder zurück auf die richtigen Gleise setzen.

# 61 Hurra, der Crash ist wieder da!
*Die Baisse ist doch gar nichts Schlimmes*

Es geht doch nichts über einen schönen Börsencrash. Der Crash gehört als solcher umjubelt. Denn jetzt kannst du, cleverer Anleger, günstig (wieder) einsteigen. Natürlich stellt sich die Frage nach dem richtigen Zeitpunkt. Ist die Luft nach dem Börsengewitter jetzt gereinigt oder solltest du noch etwas warten? Natürlich wird weder zum Ausstieg noch zum Einstieg an einer Börse geklingelt, aber gewisse Signale und Gesetzmäßigkeiten gibt es. Eine historische Crashanalyse liefert die Hinweise:

Die Mutter aller Crashs war der berühmte Schwarze Freitag am 25. Oktober 1929. An diesem Tag platzte eine durch exzessive Kreditfinanzierung genährte Spekulationsblase. 50 Milliarden US-Dollar lösten sich in den sechs folgenden Tagen einfach in Luft auf. Das war für damalige Verhältnisse enorm viel Geld. Die Weltwirtschaftskrise mit Massenarbeitslosigkeit löste die „Roaring Twenties" ab. Volle vier Jahre dauerte die schlimmste Baisse der Geschichte. Der Dow Jones schrumpfte um 90 Prozent auf einen neuen Tiefststand. Der Index konnte so dramatisch fallen, weil er vorher künstlich in die Höhe getrieben worden war. Da viele Anleger ihre Aktien auf Pump kauften, baute sich eine riesige Blase auf, die Börse und Konsumausgaben mit sich in die Tiefe riss. In den Jahren vor Ausbruch des Zweiten Weltkriegs stieg der Index zwar wieder kräftig, konnte aber den gewaltigen Sturz der Jahre zwischen 1929 bis 1933 nur halb wieder gut machen.

Kriege sind Zeiten der Verunsicherung, und da auf den Zweiten Weltkrieg für die USA sehr rasch der Koreakrieg (1950–1953) folgte, dauerte es bis Ende der 1950er-Jahre, bis der Dow Jones einen neuen Höchststand erreichen konnte. Bald aber folgte der Vietnamkrieg, an dessen Ende der Index etwa doppelt so hoch wie am Tag vor dem Schwarzen Freitag stand: Klar, dass ein halbes Jahrhundert für eine Indexverdopplung eine lausige Bilanz ist.

Gedanken an derartige Durststrecken mögen immer dann mitschwingen, wenn die Kanonen nicht nur virtuell, sondern real auf dem Schlachtfeld donnern. Insofern war auch der Crash vom 11. September 2001 infolge der Terrorattentate aufs World Trade Center verständlich. Niemand wusste, wie lange und schwerwiegend der amerikanische Rachefeldzug in Afghanistan und im Irak sein würde. Die Börse brauchte etwa zwei Jahre, um alle schlechten Nachrichten zu verdauen.

Politische Katastrophen wie kriegerische Auseinandersetzungen sind häufig Ursache für Börsencrashs. Beim Militärputsch gegen Michail Gorbatschow im August 1991 kam auch die Börse ins Zittern. Auch der Golfkrieg 1990–1991 führte zu einem deutlichen und abrupten Einbruch der Aktienmärkte, so ja die Definition des Wortes Crash. Während der Operation Desert Storm dauerte das Unwetter über den Märkten aber nicht lange. Rasch wurde klar, dass der Ölpreis, vor allem dank der Intervention Saudi-Arabiens, stabil bleiben und der Krieg räumlich isoliert verlaufen würde. Wer früh genug einstieg, konnte an der Börse stattliche Gewinne einfahren.

Ähnliches gilt für den Crash von 1987. Er kam mit Vorankündigung, denn wie 1929 und beim Crash in Raten vom März 2000 bis Anfang September 2001 liefen die Kurssteigerungen der wirtschaftlichen Realität davon. Es braucht nur wenig und das Kartenhaus fällt zusammen. Anders sieht es jedoch aus, wenn sich die Unsicherheit festsetzt. Dann sind längere Baisseperioden, wie im Anschluss an den Schwarzen Freitag 1929 oder an die Ölkrise 1973/74, angesagt.

Die größte Gefahr droht der Börse vom Zusammentreffen mehrerer belastender Faktoren, wie beispielsweise 1973/1974 mit dem Cocktail aus hohen Zinsen, hohem Ölpreis und schlapp werdender Konjunktur. Crashs haben meist die Funktion eines reinigenden Gewitters und münden selten wie zu Beginn der 1930er-Jahre in eine lang andauernde Rezession. Nach einigen Monaten, im schlimmsten Fall ein, zwei Jahren, ergeben sich in der Regel hervorragende Einstiegskurse.

## 62 Buy the Rumour, Sell the Fact
*Gerüchte sind viel besser als nackte Tatsachen*

„Die Börse reagiert gerade mal zu zehn Prozent auf Fakten", sagte der Börsenaltmeister André Kostolany einst. Das ist gefährlich, denn wer weiß schon, ob beispielsweise das Gerücht über eine bevorstehende Übernahme einen wahren Kern hat? Kostolany wusste, dass Börsengurus genau die Aktien empfehlen, die sie selbst zu einem günstigen Kurs loswerden wollen. Gerüchte werden also sehr gern „gestreut". Aber in neun von zehn Fällen steckt hinter dem Rauch auch Feuer. Wer also in einem Aktientitel engagiert ist, bei dem die Gerüchteküche brodelt, der kann gut Trittbrett fahren. Er sitzt in einem Zug nach oben. Es hat sich nämlich fast immer erwiesen, dass die Kurssteigerungen aufgrund von Gerüchten oft sehr groß sind, selbst wenn sich diese anschließend als falsch herausstellten. Gerüchte sind die besten Kurstreiber, weil alle ein Schnäppchen riechen und noch schnell auf den Zug aufspringen. Oft sind später die nackten Tatsachen und Fakten bedeutend unspektakulärer und werden von der Börse gar nicht mehr groß wahrgenommen. Nach dem Kurssprung kommt vielleicht noch ein Hüpferli dazu. Das ist dann der Moment, sich aus dem Spiel zu verabschieden, denn häufig werden die sich aus den Gerüchten aufgebauten hohen Erwartungen nicht mehr erfüllt. Bedenke: „Eine gute Geschichte wird meist von der Wahrheit kaputt gemacht."

„Kaufe bei Gerüchten, verkaufe bei Tatsachen", so die Übersetzung der englischen Börsenweisheit. Besonders bei Übernahmen und Unternehmenszusammenschlüssen bewährt sich diese Verhaltensregel. Zwei Drittel aller Firmenzusammenschlüsse erweisen sich im Nachhinein als Flop. Unternehmenskulturen der zusammengeführten Unternehmen passen nicht zusammen, und die Mitarbeiter und Manager führen Grabenkämpfe gegeneinander. So wird Firmenwert vernichtet statt geschaffen. Die Ernüchterung im Unternehmensalltag spiegelt sich dann in den Finanzkennzahlen und zum unguten Schluss in den Börsenkursen wider. Gut, dass du, cleverer Anleger, die Aktien des fusionierten Unternehmens rechtzeitig verkauft hast!

## 63 Die Lage, die Lage, und nochmals die Lage
*Finger weg von langweiligen Kleinstädten und hin zu pulsierenden Metropolen*

Die Bewertung von Immobilien hängt von einer überschaubaren Zahl Faktoren ab. Verkürzt ausgedrückt ist das neben der Lage der Liegenschaft auch die Lage der Wirtschaft. Kommt es in einer Region zum wirtschaftlichen Aufschwung, werden vermehrt Arbeitskräfte und damit auch Familien zuziehen, welche dann die Nachfrage nach Wohneigentum in die Höhe treiben. Gleichzeitig steigt mit der dazu gewonnenen Kaufkraft die Qualität der Nachfrage. Objekte können teurer und vor allem besser ausgestattet sein. Ein klassisches Beispiel für einen stark durch wirtschaftlichen Aufschwung getriebenen Anstieg der Immobilienpreise sind die Großräume München und Hamburg. Wie man sieht, muss eine Region nicht durch brummende Turbinen, rauchende Schornsteine oder emsige Banker geprägt sein, um wirtschaftlich interessant zu werden.

Monaco beispielsweise verdankt seine exorbitanten Landpreise den niedrigen, respektive nicht existierenden Steuern. Dadurch erhöht sich das verfügbare Einkommen der Einwohner. Oft im Sinne einer regelrechten Endlosschleife werden Zuzügler angezogen, bis ein neues Gleichgewicht zwischen Realeinkommen und teurem Wohnen gefunden ist. Die Steuerfreiheiten in Dubai und auf den Bahamas sind für die dortigen Immobilienpreise hauptverantwortlich. In Zürich sind sie neben dem hohen Freizeitwert zumindest mitverantwortlich.

Ein Nachteil von Immobilien ist jedoch ihre Trägheit. Das Wohnraumangebot folgt der Nachfrageverschiebung erst mit gewaltiger Verzögerung. Da der Raum wiederum trotz Verdichtung definitionsgemäß in der Stadt immer begrenzt sein wird, ist die einfachste und universell richtige Vorhersage ein langfristig stetig steigender Grundstückspreis in gesuchten Agglomerationen (auch hier gibt es Ausnahmen, um mit Detroit und Harare nur zwei zu nennen). In den Boomzonen kostet das Grundstück jeweils deutlich mehr als das darauf stehende Haus.

Wirtschaftlich aufstrebende Metropolen sind daher die langfristig sicherste Investition bei Immobilienanlagen. Da du, umsichtiger Anleger, natürlich allein schon aus Gründen der Risikostreuung nicht in ein Einzelobjekt investieren kannst, wirst du einen international breit gestreuten Immobilienfonds kaufen. Die Beimischung von Immobilien zu deinen Anlagen wird das Risiko zusätzlich streuen.

Der Freizeitwert wird auch bei Immobilienanlagen immer mehr zum langfristigen Wertetreiber. Da die Dienstleistungsbranche im Verhältnis zur Industrie immer größere Anteile am Bruttosozialprodukt beansprucht, werden sich die Firmen vermehrt dort niederlassen, wo qualifizierte Mitarbeiter auch nach Feierabend etwas vom Leben haben können. Daher gilt: Finger weg von langweiligen Kleinstädten und hin zu pulsierenden Metropolen, Stränden am türkisblauen Meer und schneebedeckten Bergen.

Selbst wenn eine Liegenschaft als Sachwert immer eine klare Inflationsabsicherung ist: Erhebliche Preisschwankungen wird es selbst bei den besten Lagen geben. Neben der allgemeinen Wirtschaftslage wirken sich vor allem die Hypothekenzinsen auf die Immobilienpreise aus. Nach Berechnungen der Investmentbank Goldman Sachs führt eine einprozentige Erhöhung der Hypothekenzinsen zu einem durchschnittlichen Wertverfall von 8 Prozent. Hohe Kaufkraft durch breiten Wohlstand und niedrige Zinsen sind Treibsätze für steigende Immobilienpreise – mangelndes Konsumentenvertrauen und wachsende Zahlungsbelastungen sind die Bremsen für die Immobilienhausse. Phasen steigender Zinsen sind also nicht nur Gift für Aktien, sondern auch für Immobilienfonds und was es sonst noch an Anlagemöglichkeiten in Grund, Boden und Backstein gibt.

# 64 Lieber börsennotiert als offen
*Offene Immobilienfonds sind ein Graus für die Anleger geworden*

Immobilienfonds können je nach Struktur des Fonds steuerliche Vorteile bieten, da ein Teil des Gewinns auf Wertsteigerungen der vermieteten Objekte beruht. Dieser Teil ist je nach dem Land, wo die Immobilien stehen, steuerbegünstigt oder gar steuerfrei. Der restliche, in der Regel deutlich höhere und auf die Mieteinnahmen entfallende Gewinn, wird wie die Einkünfte aus Kapitalvermögen besteuert. Das ist in der Summe besser, als auf alles Kapitalertragssteuer bezahlen zu müssen.

Anleger können Immobilienfondsanteile bei der Fondsgesellschaft kaufen. Manche Anteilscheine werden auch börslich gehandelt. Allerdings sind die Volumen gering, weshalb der Anleger oft in den sauren Apfel beißen muss und den beim Kauf über die Fondsgesellschaft fälligen happigen Ausgabeaufschlag zahlt.

Unterschieden wird zwischen offenen und geschlossenen Immobilienfonds. Bei den geschlossenen Fonds kann in der Regel nur in einem bestimmten Platzierungszeitfenster investiert werden. Die direkten und zum Teil auch sehr hohen indirekten Investitionskosten werden einfach dem Fondsvermögen belastet. Die Emissionshäuser, eigentlich sind es nur Immobilienzwischenhändler, sind dabei auf ihren eigenen Vorteil bedacht, und das geht ins Geld. Aufschläge von 10 Prozent sind an der Tagesordnung, und wenn die Spesen für Finanzbeamte, Notare und Verkäufer hinzukommen, wird es erst richtig teuer. Nach der Zeichnungsfrist wird der Fonds geschlossen. Die Handelbarkeit ist entsprechend beschränkt und die aufgelaufenen und auch weiter laufenden Kosten sind hoch. Deshalb solltest du als überlegter Anleger die Finger von geschlossenen Immobilienfonds lassen.

Offene Immobilienfonds sind auch nicht mehr das, was sie einmal waren. Mittlerweile sind sie nicht mehr so offen, wie es dem Namen nach scheint. Nachdem viele Anleger in der Folge der Immobilienkrise 2008 ihre Anteilscheine an die Gesellschaften zurückgegeben hatten, kamen die Immobilienmanager unter gewaltigen Verkaufsdruck. Ein Teufelskreis begann. Das plötzliche Überangebot an Immobilien konnte vom Markt nicht mehr aufgesaugt werden, und die Werte einzelner Immobilienfonds sanken um über 20 Prozent. Viele Immobilienfonds wurden eingefroren und die Auszahlung der Anlagegelder gestoppt, um weiter Zwangsverkäufe, vor allem von Gewerbeimmobilien, zu verhindern. Die offenen Immobilienfonds wurden dicht gemacht und für die Anleger zur Geldfalle.

Um solche schwer kontrollierbaren Überreaktionen zu vermeiden, müssen Neuanleger jetzt in Deutschland zunächst nach dem Kauf zwei Jahre warten, bevor sie Anteile verkaufen können, und das erst noch nach einer zwölfmonatigen Kündigungsfrist. Wer also nach dem Kauf ein Jahr wartet und kündigt, kann frühestens nach zwei Jahren das Geld auf seinem Girokonto wiedersehen. Auch in Österreich kann die Immobiliengesellschaft die Rücknahme der Anteilscheine zwei Jahre lang aussetzen. Die tägliche Handelbarkeit der Fondsanteile, die dieser Fondsart den Namen „offen" gab, wurde mittlerweile komplett abgeschafft.

Jahrelange Sperrfristen sind nichts für flexible Anleger. Deshalb solltest du nur auf Immobilienanlagen setzen, die an der Börse gehandelt werden. Dann kommst du täglich an dein liebes Geld. Schweizer Immobilienfonds etwa werden an der Börse in Zürich rege gehandelt. Außerdem gibt es dort auch Immobilienbeteiligungsgesellschaften, wie Mobimo, Allreal, Swiss Prime Site (SPS) und PSP Swiss Property. Das sind Aktiengesellschaften, die ein Immobilienportfolio managen und zum Teil auch Gebäude selbst bauen. Mit dem Kauf von Anteilscheinen wirst du Miteigentümer. Da die Anteilscheine als Aktien börsentäglich gehandelt werden, kannst du jederzeit ohne große Unkosten ein- oder aussteigen. Kündigen oder gar warten musst du nicht.

## 65 Gute Medizin für dein Depot
*Gesundheitsfirmen sind wichtig, um die Bevölkerung zu versorgen*

Wir werden immer älter. Das ist gut so und beruhigend, treibt aber auch die Gesundheitskosten in die Höhe. Wenn du als cleverer Anleger nicht nur ein langes Leben genießen möchtest, sondern auch Wohlstand und Sorglosigkeit, solltest du in Firmen aus der Pharmabranche investieren. Damit profitierst du gleich doppelt. Einmal, indem du dafür sorgst, dass sich deine eigene Lebenserwartung verbessert, und zum Zweiten, indem dein Vermögen wächst.

Große Pharmafirmen braucht es auch weiterhin, trotz der immer wieder durch den Zeitungsblätterwald rauschenden Kritik und den bösen Büchern über „bittere Pillen". Denn wer sonst sollte die ungeheuren Entwicklungskosten für neue Medikamente aufbringen als einer der multinationalen Player. Dass sie dafür gutes Geld verdienen, ist in Ordnung. Über das Wie lässt sich dann immer noch streiten. Arzneimittel müssen umfangreiche Prüfungen bestehen, bevor sie auf die Menschheit losgelassen werden. Die Kosten hierfür können fast nur Milliardenunternehmen schultern. Deshalb sind Anlagen in KMU (kleine und mittlere Unternehmen) in diesem Bereich hochriskant. Die allermeisten Jungunternehmen im Arzneimittelsektor scheitern, weshalb du als vorsichtiger Anleger nicht direkt in sogenannte „Arzneimittelentwicklungsboutiquen" investieren solltest. Die kleinen Forschungsbuden werden nämlich von den Großen der Branche gern als Stoßtrupp vorausgeschickt. Sind sie in der Entwicklung eines neuen Arzneimittelwirkstoffes erfolgreich, werden sie aufgekauft. Klappt es nicht, lässt man sie an die Wand fahren, was häufiger vorkommt als der umgekehrte Fall.

Arzneimittel werden auf biotechnologische Weise gewonnen. Die Biotechbranche ist das Tummelfeld der Jungunternehmer aus der Forschungsabteilung von Hochschulen und Pharmafirmen, aber auch gleichzeitig die Schlachtbank hochfliegender Medikamententräume. Hier solltest du als vorsichtiger Anleger die Firmenauswahl den Profis der Private Equity Gesellschaften, der Beteiligungsgesellschaften und den Spezialfondsmanagern überlassen. Wenn du direkt investieren willst, dann schnappe dir lieber eines der großen internationalen Pharmaunternehmen. Diese haben Dutzende von Medikamenten im Portfolio, geradeso wie ein breit diversifizierter Anlagefonds. Damit ist das Risiko schon einmal gut gestreut. Da die Kapitaldecken von „Big Pharma" sehr üppig ausgestattet sind, gibt es quasi keinerlei Konkursrisiko, selbst wenn einmal ein Medikament wegen Nebenwirkungen vom Markt genommen werden muss.

Wichtig ist vor allem die „Pipeline". Damit ist nicht etwa die Anbindung ans Gasnetz, sondern die Menge und Güte der Medikamente zu verstehen, die bald auf den Markt kommen. Ein Pharmaunternehmen mit prall gefüllter Pipeline ist eine gute Investition. Wenn du mehr dazu wissen willst, frage ruhig einmal ungeniert „deinen Arzt oder Apotheker".

## 66 Wert oder Wachstum?

*Je nach Wirtschaftszyklus unterschiedlich gewichten*

Jeder Anleger möchte am liebsten von Anfang an bei Google, Apple oder Microsoft mit an Bord gewesen sein. Leider war das kaum jemandem vergönnt, und außerdem ist man bekanntlich im Nachhinein immer schlauer. Auf Wachstumsaktien zu setzen ist generell nicht die beste Börsenstrategie. Denn erstens weiß man selten im Voraus, welcher Hightech-Wert durch die Börsendecke geht, noch welcher vermeintliche Highflyer am Schluss gar in die Pleite segelt. Konservative, bereits etablierte Aktien, neudeutsch auch „Value"-Aktien genannt, gehen nicht so schnell unter. Wachstumswerte („Growth"), die sich oft noch in der Anfangsphase ihrer Firmengeschichte befinden, haben eine größere Wahrscheinlichkeit, in den Bankrott zu gehen. Lässt man diese Fehlschläge außen vor, dann laufen Value-Aktien und Growth-Aktien in etwa gleich gut. Die hohe Zahl von Konkursen ist es denn auch, was gegen die Wachstumsaktien spricht. Langfristig erzielen Depots, die konsequent auf die sogenannte Wertstrategie setzen, daher die besseren Resultate. Einer, der konsequent nur auf „Value" setzt, ist das Orakel von Omaha, der Topinvestor Warren Buffett. Er erzielt mit dieser Strategie seit Jahrzehnten Jahr für Jahr extrem hohe zweistellige Renditen. Seine Holding Berkshire Hathaway ist bei einem Preis von über 200 000 Dollar je Anteil die teuerste Aktie der Welt. Das liegt daran, dass Buffett es ablehnt, seine immer schwerer werdende Aktie zu splitten. Der exorbitante Börsenkurs dient ihm als Markenzeichen und Erfolgsausweis zugleich. Warren Buffett analysiert Aktien konsequent nach ihrem zugrundeliegenden Wert und kauft dann, wenn die Firmen preisgünstig zu haben sind.

Buffett schlägt alle. Das kommt daher, dass er immer günstig einkauft. Warren Buffett deckt sich am liebsten mit Aktien ein, die unter ihrem fairen Wert gehandelt werden. Denn früher oder später, so weiß er aus Erfahrung, erkennen auch andere Anleger den richtigen Wert einer Aktie. Der Kurs beginnt zu steigen, bis dieser richtige

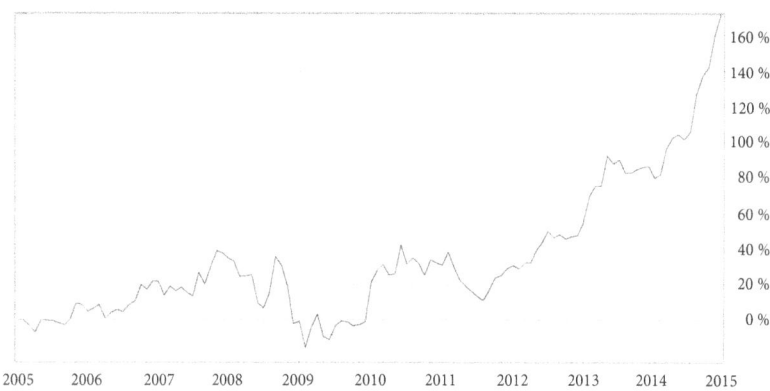

Warren Buffett hüpft vor Freude:
Langfristchart von Berkshire Hathaway

oder faire Wert annähernd erreicht ist. Das kann dauern. Wert-Investoren brauchen deshalb einen langen Atem, nicht selten drei oder vier Jahre, bis Kurstreiber wie eine neue Strategie oder Kooperation, neue Produkte oder ein neues Management plötzlich frischen Wind in ein Unternehmen und seinen Aktienkurs bringen.

Dennoch gibt es Börsenphasen, in denen Wachstumsaktien besser laufen. Das ist meist gegen Mitte und Ende einer Börsenhausse der Fall. Dann baut sich eine Preisprämie bei den Wachstumsaktien im Vergleich zu den Wertaktien auf, weil alle Marktteilnehmer die Zukunft zunehmend rosig sehen. Wer auf Wachstumsaktien setzen möchte, der sollte sie in konjunkturellen Krisenzeiten kaufen. Dann sind die Anleger generell sehr vorsichtig und lassen die als riskanter eingestuften Wachstumstitel links liegen. Wer Wachstumswerte kaufen will, sollte dabei die fundamentalen Gesichtspunkte nie ganz außer Acht lassen, als da sind: akzeptable Verschuldung, gutes Management, klare Geschäftsstrategie. Nur so ist garantiert, dass sie überhaupt eine Chance haben, aus den Startlöchern zu kommen.

# 67 Das Gefährlichste an der Börse ist die Überraschung
*Der schwarze Schwan lauert überall*

„Wenn sämtliche Experten einer Meinung sind, kann ja nichts schiefgehen." Das denkt der Laie. Doch wie wundert er sich, wenn dann plötzlich alle Experten auf einmal danebenliegen. Das ist tatsächlich an der Börse extrem häufig der Fall. Zum letzten Male im Jahr 2007. Unisono wurden goldene Börsenzeiten vorhergesagt. Die Bewertungen der Aktien waren nicht übertrieben, die Konjunktur lief rund. Kein Wölkchen war also am Horizont auszumachen. Doch es kam bekanntlich ganz anders ... Wenige hatten an der Börse mit der Subprime-Krise und vor allem niemand mit der darauf folgenden Pleite von Lehman Brothers gerechnet, welche die Finanzmärkte in den Grundfesten erschütterten. Auch 2001 rechnete niemand mit den Terroranschlägen in den Vereinigten Staaten und ihren Auswirkungen. 1998 hatte niemand den Kollaps des Mega-Hedge-Fonds LTCM auf dem Radar. Die Folgen waren jeweils kapitale Börseneinbrüche in einem gar nicht einmal so negativen Börsenumfeld. Solche immer wiederkehrenden Situationen veranlassten Kostolany zu dem Spruch:

**„Wenn der eingefleischte Pessimist zum Optimisten wird, muss man so schnell wie möglich aus der Börse aussteigen."**

Tatsächlich gilt ein extrem hoher Anteil an optimistischen Börsianern als Menetekel eines nahen Kurssturzes. Das klingt verblüffend, ist aber logisch ganz einfach nachzuvollziehen. Wenn alle optimistisch sind, ist alles Geld angelegt. Im Umkehrschluss heißt das nichts anderes, als dass alle wichtigen Börsenakteure mit Aktien eingedeckt sind, sonst hätten sie ja verkauft. Nun sind kaum mehr Käufer vorhanden. Zwar können die Aktien noch etwas weiter steigen, weil es ja für die Halter der schön gestiegenen Wertpapiere keinen Grund gibt, sich von den Titeln zu trennen, und ein paar wenige einsame Käufer genügen durchaus, die Kurse weiter auf neue Rekordhöhen zu treiben. Aber plötzlich taucht dann doch wie aus dem Nichts ein auslösendes Schockereignis auf. Gern wird dafür das Bild vom „schwarzen Schwan" bemüht. Darauf kommt es zu massiven Verkäufen, die wiederum das Vertrauen in die Dauer des Börsenschönwetters erschüttern. Als kluger Anleger muss man wachsam sein. Lange Schönwetterperioden sind gefährlich. Steigen die Aktienkurse ohne große positive Nachrichten, ist die Hausse in Gefahr.

So manch einer, der rosig aussieht, hat auch nur hohen Blutdruck.

Die Börse kann plötzlich zusammenbrechen. In Phasen extremer Börseneuphorie tust du, vorausschauender Anleger, gut daran, etwas Druck abzubauen und ein paar wohlverdiente Gewinne mitzunehmen.

## 68 Stille Reserven auch fürs Depot
*Schnapp dir unterbewertete Aktien*

Frauen, so heißt es, sind die besseren Anleger. Sie sind vorsichtiger und daher langfristiger orientiert, während Männer bei so manchen Börsenentscheidungen nur vom Testosteron gesteuert scheinen. Frauen bilden seit ewigen Zeiten Rücklagen. Früher lagen diese Reserven im Nähkästchen versteckt. Dieser „Notgroschen" hat schon so manchen Haushalt, auf den unvorhersehbare Ausgaben zukamen, gerettet.

Auch Firmen haben ihr Nähkästchen. Zwar verlangen die Bilanzregeln nun auch vermehrt die totale Transparenz in der Bilanz. Doch in Tat und Wahrheit besteht weiterhin die Möglichkeit, sich etwas für schwierige Zeiten zurückzulegen. Dazu muss der Finanzchef nur etwas pessimistischer bilanzieren, indem er beispielsweise den Wert des eigenen Grund und Bodens, auf dem sich die Büros der Firma befinden, bewusst sehr niedrig ansetzt. Oder indem er große Rückstellungen verbucht, die er dann mit Sicherheit nie brauchen wird. Das Geld hat die Firma dann in Reserve für unruhigere Zeiten.

Wenn du in Aktien solcher Firmen investierst, bekommst du beim Kauf viel versteckten Rabatt. Damit hast du schon ein Schnäppchen gemacht (siehe auch Kapitel: Im Einkauf liegt der Gewinn, S. 43). Denn Aktien mit versteckten Reserven haben viel Luft nach oben. Werden die Rückstellungen beispielsweise aufgelöst oder der faire Grundstückswert bilanziert, macht der Aktienkurs einen Freudensprung. Schaue dir dazu ruhig einmal ein paar Geschäftsberichte an. Diese sind zwar dick und werden parallel zum fast zeitgleich erscheinenden Nachhaltigkeitsbericht immer dicker, aber beim Durchblättern findest du den einen oder anderen Hinweis auf konservative Bilanzpraktiken. Wenn das Unternehmen deiner Aktienwahl beispielsweise ein großes unbelastetes Grundstück in der Zürcher Innenstadt zu 250 Franken pro Quadratmeter in der Bilanz hat, weißt du Bescheid.

Einige Wirtschaftsjournalisten machen sich einen Spaß daraus, stille Reserven bei Firmen aufzuspüren. Dieses Wissen geben sie auch freimütig weiter. Natürlich findest du deren Berichte nicht in der Regenbogen- oder Boulevardpresse, sondern nur in trockenen, dafür aber seriösen Anlagejournalen und Anlegerbriefen.

# 69 Hände weg von Pennystocks
*Billig ist oft gar nicht günstig*

Aggressiv beworbene Aktien mit einem Wert nahe der Nullgrenze verleiten manchen Anleger zu unvorsichtigen Spekulationen auf hohe Gewinne. Da der Raum für Kursgewinne theoretisch nach oben hin unendlich ist, hoffen naive Anleger darauf, ihr Kapital schnell zu vervielfachen. Die Kursexplosion bleibt aber in 99,9 Prozent der Fälle aus. Immer wieder verlieren Anleger viel Geld mit den sogenannten Pennystocks. Das sind Billig-Aktien, deren Wert unter einer Einheit der lokalen Währung liegt. Im Euro-Raum sind dies Aktien mit einem Wert unter 1 Euro und in der Schweiz mit einem Wert unter 1 Franken. In den Vereinigten Staaten ist der Sprachgebrauch etwas anders. Dort zählen auch Aktien unter 5 US-Dollar dazu. Deshalb gibt es dort auch besonders viele.

Der optisch niedrige Kurs verleitet viele ahnungslose Anleger zu Investitionen in letztlich wertlose Unternehmen. Meist handelt es sich um gefallene Engel oder Rohrkrepierer von Anfang an. In fragwürdigen Börsenbriefen oder auf allerlei zweifelhaften Internetseiten werden die billigen Wertpapiere meist als zukünftige Kursraketen angepriesen.

Oft greifen auch Graumarkthändler zum Telefon und versuchen Kleinanlegern die vermeintliche Top-Aktie von morgen anzudrehen. Die Titel tragen immer klangvolle Namen wie Aurelio Resources Corporation oder Tecton. Dahinter stecken aber meist dunkle Machenschaften. Das Geschäft mit Pennystocks wird oft von kriminellen Händlern durch gezielte Gerüchte gesteuert. Rechtzeitig haben sich die Hintermänner für wenig Geld mit den Aktien eingedeckt. Wenn die von ihnen angeheizte Gerüchteküche die Kurse ihrer Aktien nach oben getrieben hat, verkaufen sie mit Gewinn (siehe auch Kapitel: Augen auf im Freiverkehr, S. 75). Danach kommt es regelmäßig zum fatalen Kurssturz. In versteckt gefilmten Videoaufnahmen machen sich die Halunken sogar über die dummen Anleger lustig.

An der Oxford-Universität wurde hochgerechnet, dass rund jede sechste Spam-E-Mail zum Aufblasen von Pennystocks missbraucht wird. Diskussionsforen im Internet und private Webseiten von selbst ernannten Börsengurus wirken als Verstärker, wenn es darum geht, den Kurs der Billig-Aktien in die Höhen zu treiben. Wer einem der vielen Gratisbörsendienste auf den Leim geht, sitzt bereits in der Falle.

Anleger, die auf solche Märchen hereinfallen, verlieren gemäß der Oxford-Studie bereits in den ersten zwei Handelstagen im Durchschnitt volle acht Prozent ihres investierten Geldes. Die Spammer hingegen machen knapp sechs Prozent gut. Die restlichen zwei Prozent gehen schon mal für Gebühren drauf. Unkosten von über 10 Prozent kommen aber ebenfalls häufig vor. Den Opfern gehen die Augen meist erst dann auf, wenn sie ihre Aktien verkaufen wollen. Dann findet sich nämlich meist kein Käufer, da die Nachfrage für die nahezu wertlosen Papiere fehlt.

Pennystocks werden meist auf kaum gesetzlich regulierten Märkten gehandelt, etwa im Freiverkehr in Frankfurt oder in den sogenannten Pink Sheets in den USA. Letztere sind selbst den Amerikanern so peinlich, dass sie den Zugang auch schon einmal zeitweise schließen. Man nennt den Handel dort auch otc. Das steht für over the counter, zu Deutsch etwa „über den Tresen". Dort wechseln Anteilscheine für ganz wenig Geld am Tag die Hand, wie am Ausschank einer Kneipe. Informationen über die Unternehmen fließen nur spärlich. Dafür sind die Kursausschläge umso heftiger und nur auf den ersten Blick vielversprechend. Denn oft werden die Kursbewegungen bei geringem Handelsvolumen gemacht.

In den Jahren 2000 und 2001 stieg die Zahl der Pennystocks als grausame Folge der Internet-Börsenhysterie stark an. Von 343 im Juli 2001 am Neuen Markt in Deutschland notierten Titeln waren urplötzlich 40 Pennystocks. Die meisten von ihnen sind heute nicht mehr an der Börse notiert oder die Firmen bankrott. Eine rückblickende Untersuchung des Teams um den US-Professor Daniel Bradley zu Börsengängen von Pennystocks in den Jahren 1990 bis 1998 zeigte bereits, dass Kleinstwerte drei Jahre nach dem Börsengang im Durchschnitt 21,7 Prozent ihres Wertes eingebüßt hatten.

Herkömmliche Titel gewannen nach ihrem Börsendebüt hingegen im selben Zeitraum im Schnitt stolze 44,4 Prozent. Illegale Marktmanipulationen durch die Firmen selbst traten gemäß Studie besonders häufig auf. Die Zeche zahlte jeweils der Kleinanleger. Auch an der Schweizer Börse gibt es immer wieder Pennystocks. Wer sich eines dieser Papiere während der Börsenbaisse des Jahres 2003 ins Depot legte, konnte nur in wenigen Fällen Glück haben. Allerdings nur dann, wenn er auf Titel wie von Roll (knapp über einem Franken) oder Mobilezone gesetzt hatte. Alle anderen Pennystocks erwiesen sich als Rohrkrepierer. Da nützte den Firmen auch die eine oder andere kosmetische Namensänderung nichts.

Aus der Karriere eines ehemaligen deutschen Pennystocks, zitiert nach Bundesanstalt für Finanzdienstleistungsaufsicht (Bafin, 2012)

*Cobracrest AG & Co. KGa*

*Die Cobracrest AG & Co. KGaA gab am 20. Januar 2006 vor Börsenbeginn bekannt, von der Carlyle International Inc. übernommen zu werden. Die Carlyle International Inc. halte bereits 93 Prozent der Cobracrest-Aktien und biete den restlichen Aktionären ein Barangebot von 5,23 Euro je Aktie an. Diese Mitteilung enthielt unrichtige und irreführende Angaben, die bewertungserheblich waren und die Eignung besaßen, den Kurs der Cobracrest AG & Co. KGaA positiv zu beeinflussen. Insbesondere erweckte sie den unzutreffenden Eindruck, das Übernahmeangebot stamme von der Carlyle Group, einer der größten US-amerikanischen Private Equity Gesellschaften. Diese Angaben führten dazu, dass die Cobracrest-Aktien am 20. Juli 2006 nach einem Vortagesschlusskurs von 2,48 Euro mit 3,82 Euro bereits deutlich erhöht eröffneten und auf ein Tageshoch von 4,51 Euro stiegen. Auch ging der Kursanstieg mit einem ungewöhnlich hohen Umsatz einher.*
*Das LG Berlin verurteilte am 28. November 2011 drei Personen, darunter zwei ehemalige Organmitglieder der Cobracrest AG & Co. KGaA, zu Freiheitsstrafen zwischen sechs Monaten und einem Jahr und sechs Monaten. Die Strafen setzte das Gericht jeweils zur Bewährung aus. Zwei der Verurteilten müssen zudem Geldstrafen von jeweils*

*10 000 Euro zahlen. Die Urteile sind rechtskräftig. Das Verfahren gegen einen weiteren Angeklagten stellte das Gericht gegen Zahlung von ebenfalls 10 000 Euro ein.*

# 70 Die Seele spielt mit
## Wer die Psychologie des Marktes kennt, gewinnt

Ginge es nach der Theorie der effizienten Märkte, könnten wir blind Aktien kaufen und verkaufen, ohne uns um die wirtschaftliche Lage eines Unternehmens scheren zu müssen. Diese Theorie besagt nämlich, dass alle über eine Aktie vorhandenen Informationen an den Börsen sofort bereits eingepreist werden. Somit sei kein Marktteilnehmer in der Lage, etwa durch Fundamentalanalyse, Chartanalyse, Insiderhandel oder andere fiese Tricks dauerhaft überdurchschnittliche Gewinne zu erzielen, weil niemand schneller als der andere sein kann. Die Existenz von Menschen vom Schlage eines Warren Buffett, André Kostolany oder George Soros und vielen erfolgreichen Börsianern belehrt uns aber eines Besseren.

Dauerte es in den 1980er-Jahren, als es noch Zeitungen und Börsenbriefe gab, noch ein bis drei Wochen, bis alle marktbeeinflussenden Informationen übermittelt und verarbeitet waren, geschieht dies im Internetzeitalter im Verlauf eines Tages. Dafür sorgen die Medien und eine uneindämmbare Flut von Ad-hoc-Meldungen. Die Informationsbereitstellung ist eine Sache. Die Informationsverarbeitung die andere.

In der rauen Wirklichkeit ist die Informationsverarbeitung in den Gehirnen der Marktteilnehmer nämlich mehr oder weniger träge. Clevere Anleger (und leider auch kriminelle Insider) wissen aus dieser Trägheit Kapital zu schlagen. Aber auch wenn man eine Informationsverarbeitung mit Lichtgeschwindigkeit oder in Echtzeit unterstellte, ist das Verhalten der Anleger alles andere als effizient. Psychologische Mechanismen nehmen großen Einfluss. Dass selbst in einer Welt perfekten Informationsflusses die Aktienbewertung von Faktoren abhängt, die zum Verhaltensrepertoire des Pawlow'schen Hundes gehören, wissen wir spätestens seit der Tulpenzwiebelhausse an den Neuen Märkten. Wer daher die Psychologie des Marktes auszunutzen vermag, hat einen Vorteil auf der Jagd nach überdurchschnittlicher Rendite.

Die Kursschwankungen eines Titels folgen im Umfeld guter oder schlechter Unternehmensnachrichten in den meisten Fällen einem bekannten Muster. Vor einer schlechten Nachricht beginnen die Kurse bereits einige Tage vorher abzubröckeln, da Insider Papiere abstoßen. Die viel zitierte interne Geheimhaltung hinter den Türen der Firmen ist pures Wunschdenken. Sind es nicht die Arbeitskollegen, die am Mittagstisch Interna ausplappern, so sickert über Freunde und Bekannte garantiert immer etwas durch. Die Aktien machen sich schon ein paar Tage vorm Termin auf die Reise gen Süden. Am Tag der Ad-hoc-Veröffentlichung gibt es die größten Kursverluste, die dann in den darauffolgenden Tagen weiteren kleineren Abschlägen Platz lassen, denn jetzt stoßen auch die Nachzügler, Zauderer und zu spät Informierten ihre Papiere ab.

Analysten und Anleger sind nämlich träge. Gemeint ist nicht ihr sportlicher Bewegungsradius jenseits des Parketthandels, sondern ihre Bereitschaft, einmal abgegebene Erklärungen, Anschauungen und tief verankerte Meinungen und Einschätzungen umzustoßen. Diese Trägheit wird „Framing"-Effekt genannt. Dahinter versteckt sich eigentlich ein ganzer Katalog von psychologischen Mechanismen. Mit ihnen wird in der Regel Geld verloren. Wer sie aber ausnutzt, kann sich besser als der Rest der Anlegergemeinde stellen.

Ein Depot mit Werten, welche die Gewinnvorhersagen der Analysten übertreffen, schlägt Aktien von Unternehmen vergleichbarer Größe nicht nur kurzfristig, sondern auch mittelfristig. Der Grund liegt nicht nur in ihrem Kursgewinn am Tag der Ad-hoc-Mitteilung und den darauffolgenden Handelstagen, sondern auch in ihrem besseren Abschneiden in den darauffolgenden neun Monaten, gerade so als handele es sich um eine Schwangerschaft, die ausgetragen werden muss. Das liegt daran, dass die meisten Anleger und sogar die Analysten denken, bei den nach oben oder unten ausbrechenden Planzahlen handele es sich wohl eher um einen Ausrutscher. Keiner möchte liebgewonnene Meinungen sofort über Bord werfen. Zudem werden öffentliche Informationsquellen in der Regel weniger geschätzt als die eigenen, mittlerweile verinnerlichten Quellen. Dies ist der klassische Fall von Selbstüberschätzung. Kommt es zu einer negativen oder positiven Ertragsüberraschung, sind die Analysten nicht bereit, ihre Hochrechnungen für die Zukunft weit genug anzupassen, sonst müssten sie ja eingestehen, sich gravierend geirrt zu haben, und das verstößt natürlich gegen ihren Berufsstolz. Deshalb sind nach einer ersten positiven Überraschung weitere positive Überraschungen oft programmiert und nach einer negativen Überraschung weitere schlechte Nachrichten. Bis der Analyst oder Anleger merkt, dass sich der Wind gedreht hat, vergeht darum viel Zeit. So wird entweder der rechtzeitige Einstieg oder der rechtzeitige Ausstieg verpasst. Ein klassisches Beispiel für diesen Mechanismus war der weltweite dramatische Absturz der Wachstums- oder Technologiebörsen um die Jahrtausendwende. Erste Gewinnwarnungen an der amerikanischen Technologiebörse Nasdaq wurden damals als Eintagsfliegen klassifiziert. Niemand wollte die liebgewonnene Theorie der Netzwerkeffekte und der sich selbst verstärkenden Gewinnspirale der sogenannten „New Economy" infrage stellen. Schleichend häuften sich die Buchverluste, bis man nach einem knappen Jahr lapidar von einem Crash in Raten sprechen musste.

Nach für sie überraschenden Einbußen tendieren Investoren dazu, Verluste laufen zu lassen und schlechtem Geld gutes hinterher zu werfen, um ihren durchschnittlichen Einstiegspreis zu senken, was wiederum ihre Hoffnung, bei einem Verlustbringer irgendwann einmal wieder in den schwarzen Bereich zu kommen, am Leben erhält (siehe auch Kapitel: Gewinne laufen lassen, S. 19). Studien, die so alt sind wie die Psychologie des Anlageverhaltens, haben gezeigt, dass sich Menschen in viel stärkerem Maße über einen Verlust ärgern, als sie sich an einem gleich hohen Gewinn freuen können. Die Finanz-Behavioristen, also die Verhaltensforscher unter den Finanzwissenschaftlern, geben negativen Überraschungen bis zu dreimal so hohe Werte auf der Richterskala der Emotionen. Bei negativen Unternehmensnachrichten führt dies in der Regel dazu, dass „faule Eier" viel zu lange im Portfolio gehalten werden, weil man sich ärgert und unbedingt auf Teufel komm raus wieder ins Plus kommen will.

Gemäß wissenschaftlicher Studien führt dieses Festhalten an einmal getroffenen Entscheidungen zu einer jährlichen Minderrendite von über 8 Prozent in einem Depotvergleich. Der zusätzliche Verkauf guter Aktien mit dem Ziel der Einstandsverbilligung bei den faulen Eiern ist fast mit dem kreditfinanzierten Aktienkauf zu vergleichen. Er kann den Anleger vom Fegefeuer in die Hölle stoßen. Im dritten Quartal nach einer starken negativen oder positiven Überraschung haben sich die Aktien jedoch in der Regel gefangen. Kluge Anleger sammeln die verbilligten Titel jetzt ein oder nehmen im umgekehrten Fall Gewinne endgültig mit.

# 71 Bleibe sauber!
## Ethisch währt am längsten

Es gibt tatsächlich Studien die zeigen, dass sogenannte Schurkenanlagen mehr Rendite bringen als klassische Anlagen. Wer also in Waffenproduzenten, Spielcasinobetreiber oder Tabakfirmen investiert, macht noch mehr aus seinem Geld.

Ich persönlich habe mich entschieden. Ich kaufe diese Kategorie Aktien nie. Du als ehrlicher Anleger solltest dir ebenfalls Grenzen setzen. Wer nicht für die Natur und die Mitmenschen Sorge trägt, wird nicht gekauft.

So einfach wie der Ausschluss von Rüstungsfirmen, Pornografieverlegern, Schnapsbrennern und Lotteriebetreibern auf den ersten Blick sein mag, so schwierig ist die Feinabstimmung, was die Kriterien sauberen Investierens anbelangt. Aber du, ethisch korrekter Anleger, kannst selbst entscheiden, wo du deine persönlichen Grenzen ziehst. In Firmen, die durch Missachtung von Arbeits- und Menschenrechten und durch Massenentlassungen von sich reden machen, investiere ich prinzipiell nicht. Da verzichte ich gern auf etwas Profit. Ich finde es immer wieder störend, wenn die Aktienkurse von Firmen steigen, die gerade eine „Säuberungswelle" verkünden – also in großem Stil Mitarbeiter entlassen.

Erfreulicherweise hat sich eine ganze Fondsindustrie etabliert, die nur in Aktien von Gesellschaften investiert, die wenigstens soziale Mindestkriterien erfüllen. Massenentlassungen ohne ausreichende Sozialmaßnahmen, Kinderzwangsarbeit, überdurchschnittliche betriebliche Unfallraten, Missachtung von Menschenrechten und Rechten von Ureinwohnern sind Ausschlusskriterien. Wie auch bei den anderen Fonds kommen natürlich nur wirtschaftlich gesunde Firmen ins Portfolio. Fast alle großen Banken bieten heutzutage „Ethikfonds" an.

Im angelsächsischen Raum sind ethische Geldanlagen schon seit einem Vierteljahrhundert gang und gäbe. Da die meisten Anleger nicht bereit sind, eine deutlich geringere Rendite im Vergleich zu klassischen Anlagen für ihr ethisches Investment in Kauf zu nehmen, interessierte die Ökonomen schon sehr früh der Leistungsvergleich. Obwohl die zusätzlichen Aufwendungen für Aktien-Research und Fonds-Management in Höhe von etwa einem Prozentpunkt die Performance schmälern könnten, schneiden gerade britische und US-amerikanische Ethikfonds nicht wesentlich schlechter ab als die klassischen Fonds. Lediglich Schurkenfonds bringen mehr Rendite. Aber mit einem guten Gewissen schläft es sich doch besser, oder?

# 72 An der Börse kannst du 1000 Prozent gewinnen ...
## ... aber nur 100 Prozent verlieren

Eine besonders tröstliche Börsenweisheit ist, dass man nicht mehr als den Einsatz verlieren, aber ein Vielfaches vom Einsatz gewinnen kann. Das hat langfristig dramatische Konsequenzen. Stelle dir vor, du hast als geschickter Anleger zehn Aktienpositionen zu 10 000 Euro in deinem Depot. Du hast also „gestreut". In einer fürchterlichen Wirtschaftskrise machen trotzdem drei deiner zehn Firmen, die du gekauft hast, den Laden dicht. Damit ist scheinbar ein knappes Drittel von deinem Einsatz weg.

Geht es wieder aufwärts mit der Konjunktur, genügt nur eine einzige Aktie, um dich wieder rauszureißen. Sie muss sich bloß ver-vierfachen. Das heißt, sie muss um 300 Prozent steigen. Sie kann aber auch noch mehr zulegen.

Langfristinvestoren beobachten so etwas sehr häufig. Da gibt es Verlierer im Depot, aber auch Gewinner, und in der Endsumme ist die Bilanz deutlich positiv. Zwei Gewinner hauen oft fünf Verlierer raus. Es braucht nur etwas Geduld. Ein überlegter Anleger wird daher nie seine besten Zugpferde im Depot verkaufen, um Verluste auszugleichen. Er wird sich entspannt zurücklehnen und sich in der Konjunkturwende auch über die Wende zum Guten in seinem Depot freuen.

Aus diesem Grunde solltest du auch nur „long" gehen. Long bedeutet Folgendes: Du spekulierst auf steigende Kurse. Gehe nie „short": Denn das bedeutet, darauf zu spekulieren, dass es bergab geht. Und das heißt in den meisten Fällen: Du spekulierst darauf, dass es einer Firma oder einem Staat und seiner Währung schlecht geht und dass Menschen den Gürtel enger schnallen müssen. Das ist gar kein feiner Zug. Wie viel edler ist es doch, wenn du von dir sagen kannst, dass du nur von einer Sache beseelt bis: dem Wohlergehen von Menschen, sowohl am Arbeitsplatz als auch im Staat. Und wenn du damit als Investor auch noch viel Geld verdienen kannst, ist die Welt in Ordnung.

# 73 Vorzüge vorziehen
*Verzichte auf deine Stimmrechte gegen gutes Geld*

Vorzugsaktien in Deutschland und Österreich, sogenannte Partizipationsscheine in der Schweiz, erhalten gegenüber den normalen Stammaktien fast immer mehr Dividende. Der Preis dafür ist lediglich der Verzicht aufs Stimmrecht. Da du, kleiner Privatanleger, mangels Masse mit deinen Aktienstimmen kaum die Geschicke einer Firma beeinflussen kannst, darfst du ruhig auf dieses Recht ganz verzichten. Außerdem haben Vorzugsaktien noch weitere Bonbons im Gepäck. Zumeist sind sie zusätzlich mit einem sogenannten „prioritätischen" Dividendenanspruch ausgestattet. Das gestelzte Wort bedeutet, dass du nicht nur mehr Dividende bekommst, sondern auch noch vor den Stammaktien bedient wirst. Es kann dann sogar vorkommen, dass die Vorzugsaktien bedient werden, aber die Stammaktien leer ausgehen. Wow!

Was willst du also noch mit Stammaktien, wenn du die Vorzugsaktien haben kannst? Um die Inhaber von Vorzugsaktien weiter zu schützen, ist es möglich, dass die Vorzugsaktien mit einem Nachbezugsrecht ausgestattet sind. Ausfallende Dividenden aufgrund zu geringen Bilanzgewinns werden in den folgenden Jahren, in denen der Bilanzgewinn dies zulässt, nachgeholt.

Du fährst also mit Vorzugsaktien und Partizipationsscheinen besser, weil du auf dein Stimmrecht verzichtest. Die höheren Dividendenzahlungen summieren sich über die Jahre zu einem schönen Batzen Geld.

Kommt es zu einer Firmenübernahme, werden die beiden Aktienkategorien meist gleich behandelt. Das heißt: Es gibt denselben Übernahmepreis, egal ob Stämme oder Vorzüge. Lediglich in der Schweiz kommt es häufiger vor, dass ein Aufkäufer einem Großaktionär einen „Paketzuschlag" zahlt. In diese beneidenswerte Lage wirst du als kleiner Privatanleger jedoch nie kommen.

# 74 Schokolade läuft immer ...
## ... und die dazu passenden Aktien erst recht

Wer hätte gedacht, dass eine mexikanische Bohne einmal die Welt erobert? Das aus den Samen der Kakaopflanze gewonnene Getränk war zunächst Priestern und Kriegern vorbehalten. Die Azteken gaben dem mit kaltem Wasser vermischten Gebräu den Namen: Xocolatl. Nach Überlieferung der Maya war die Kakaopflanze göttlichen Ursprungs. Nach und nach eroberte der anregende Stoff zunächst als Getränk des Adels, dann mit Fett, Zucker und Milch gemischt und in kompakte Form gegossen als Tafel die Welt. Die Deutschen und Schweizer sind mit über 10 Kilogramm pro Kopf und Jahr die größten Konsumenten. Aus dem Speiseplan ist Schokolade nicht mehr wegzudenken, und auch in Afrika und Asien wächst die Fangemeinde. Der asiatische Kontinent ist es auch, der allein schon für Zuwachs sorgt. Hinzu kommt die zunehmende kulinarische Nachfrage. Schokolade ist buchstäblich in aller Munde. Und eine krisenresistente Investition, denn auf den braunen Stoff will niemand verzichten.

Firmen, die vom Schokoladenboom profitieren, finden sich vor allem in der Schweiz, wo das Autokennzeichen CH eigentlich für Chocolat steht, könnte man meinen. Der größte Schokoladenproduzent der Welt sitzt in Zürich: Barry Callebaut stellt Schokolade, Kakaoprodukte, Füllungen, Glasuren und Dekorationen für die Schoko-Industrie und für Konditoreien und Gastronomiebetriebe her. Die mehr als 50 Produktionsstätten in der ganzen Welt schaffen Kakao-Produkte für über fünf Milliarden Franken. Dabei profitiert das Unternehmen vom Trend zu immer edleren Schokoladekreationen. Das Gourmet-Geschäft wächst besonders rasant. Hier spielt der Preis eine untergeordnete Rolle. Entsprechend groß ist der Gewinn. Hauptaktionär bei Barry Callebaut ist die Jacobs-Familie, die in Deutschland auch durch den gleichnamigen Kaffee bekannt wurde. Die Kaffeemarke gehört jetzt zum US-Konzern Mondelēz International, der so unterschiedliche Schoko-Marken wie Suchard, Milka,

Tobler, Bensdorp unter seinen Fittichen hat und auch österreichische Mozartkugeln von Mirabell rollen lässt. Dass man mit Schweizer Qualitätsschokolade viel Geld verdienen kann, beweist Lindt & Sprüngli. Das Unternehmen vom Zürichsee ist mittlerweile nicht nur im deutschsprachigen Raum ein Begriff. Es ist zum drittgrößten Unternehmen der Schokoladenbranche in Nordamerika geworden. Schwer im Magen liegt allerdings der Preis für die Aktie an der Börse Zürich. Ein Jahresgehalt oder den Gegenwert von 50 000 Tafeln Schokolade muss man dafür schon mal hinblättern.

# 75 Der wichtigste Rohstoff der Welt
*Ohne ihn läuft gar nichts*

Vortrefflich ließe sich darüber streiten, welches der bedeutendste Rohstoff der Welt ist. Für die einen ist es Gold und für die anderen vielleicht Erdöl oder Platin. Für meine ehemalige Chefin, Professorin für Materialwissenschaften, war klar: Es ist Beton. Dieser hat denselben Wärmeausdehnungskoeffizienten wie Stahl. Das klingt langweilig, hat aber fantastische Konsequenzen. Denn im Verbund mit Stahl lassen sich aus Beton Brücken und Häuser von beeindruckender Stabilität bauen. Hitze und Kälte können ihnen nichts anhaben. Beton und Stahl halten einfach fest zusammen wie Pech und Schwefel. Beton sorgt für die Steife und Stahl für die nötige Biegsamkeit. „Stahlbeton" hat die Architekturgeschichte und Bauwirtschaft gleichermaßen revolutioniert. Kühn gespannte Brücken und Hochhäuser von fast einem Kilometer Höhe wurden dadurch möglich.

Man kann aber nicht nur mit Beton bauen, sondern auch auf Beton. Der Markt ist übersichtlich und klar verteilt. Er wird von den ganz Großen der Branche dominiert wie Lafarge/Holcim, Heidelberger Zement, Cemex, Italcementi. Zement ist ein Grundstoff für den Ausbau von Infrastruktur, von Hochhäusern, Straßen, Brücken oder Tunnel. Von gut vier Milliarden Tonnen jährlich in der globalen Produktion werden über die Hälfte in China angerührt. In Schwellenländern wird besonders viel davon benötigt, denn dort wachsen die Bevölkerung und der Lebensstandard gleichermaßen. Der dafür notwendige Ausbau der Infrastruktur in diesen Regionen sorgt für eine langfristig stabile und starke Nachfrage. Die großen Zementmultis haben jahrzehntelange Erfahrung im ach so energie- und kapitalintensiven Abbau und in der Verarbeitung der Steine und Erden, die es zum Betonmischen braucht. Darum sind sie auch in der Lage, Konjunktureinbrüche und Probleme in einem Land durch vermehrte Verlagerung ihrer Aktivitäten in ein anderes auszugleichen. Wenn du also als weitsichtiger Anleger in Zementhersteller investierst, gehst du eine Wette auf das Wohlergehen der gesamten Weltwirtschaft ein.

# 76 Mit Herzblut dabei
*Wo der Chef selbst mit anpackt ...*

Hand aufs Herz! Würdest du dich bei einer Firma wohlfühlen, in der der Chef selbst mit anpackt, oder ziehst du den dauernden Wandel mit wechselnden Managern und Besitzern vor? Intuitiv wirst du wie die meisten Menschen Stabilität bevorzugen. Und die zahlt sich nachweislich aus. Firmen mit stabilen Besitzverhältnissen bringen deutlich größere Kursgewinne. Diese sind nach einer Studie der Schweizer Bank UBS bei 169 Firmen mit Großaktionären, die mehr als ein Fünftel aller Aktien halten, sogar fast in allen untersuchten Ländern zweistellig pro Jahr höher als der Vergleichsindex. Woran dieses verblüffende Ergebnis wohl liegt? Nun, wahrscheinlich identifizieren sich die Hauptaktionäre besonders stark mit ihrer Firma und lassen nichts unversucht, deren langfristiges Wohlergehen zu sichern. Meist sind das Familienunternehmer. Wessen Herz für die Firma schlägt, der wird sich voll für sie einsetzen. Manager hingegen agieren oft in ihrem eigenen kurzfristigen Interesse, während strategische Investoren, wie man die langfristigen Ankerbesitzer auch nennt, das dauerhafte Wohlergehen der Firma absichern. Der St. Galler Wirtschaftsprofessor Cuno Pümpin hat solche Firmen intensiv untersucht und kommt zum Schluss, dass ein Hauptgrund für den Erfolg der Familienunternehmen ganz einfach darin zu finden ist, dass sie sich nicht verzetteln. Sie setzen voll und ganz auf ihre Kernfähigkeiten. Sie tun das, was sie seit Jahren, Jahrzehnten, ja Jahrhunderten bereits gemacht haben, nur halt Jahr für Jahr immer besser.

Ein Beispiel ist das Frachtunternehmen Kühne + Nagel. Obwohl im steuergünstigen Kanton Schwyz angesiedelt, hat es seine Wurzeln in einer hanseatischen Kaufmannsfamilie. Mittlerweile liefert es aber nicht nur Waren zur See, sondern auch über Land und in der Luft. Michael Kühne, Urenkel des Familiengründers, wacht über seine Geschäftsführer, die in der Regel eine ausgesprochen lange erfolgreiche Verweilzeit auf dem Chefsessel haben.

Der über 100 Jahre alte Reisedienstleister Kuoni wird von einer Stiftung als Ankerinvestor kontrolliert, die alle kurzfristigen Managementflausen blockiert.

Der deutsche Brillenhändler Fielmann ist im DAXplus Family 30 vertreten. Dieser von der Deutschen Börse zusammengestellte Index umfasst die 30 größten und liquidesten deutschen Familienunternehmen. Nach den Kriterien der Deutschen Börse qualifiziert sich ein Unternehmen dann als Familienunternehmen, wenn mindestens 25 Prozent der Gesellschaft im Besitz der Gründerfamilie sind oder die Gründerfamilie mindestens 5 Prozent der Stimmrechte hält und gleichzeitig im Vorstand oder Aufsichtsrat sitzt. Damit soll gewährleistet sein, dass die Familie die Unternehmensstrategie wesentlich bestimmt.

Unternehmen in Familienhand haben sich in der Vergangenheit als sehr krisenfest erwiesen. Sie schaffen die meisten Arbeitsplätze und wachsen auch in rezessiven Zeiten dynamisch weiter, weshalb sie dem Anleger hohe Renditen bringen können. Eines ist auf alle Fälle sicher: Familienunternehmen zahlen ungern übertriebene Managementgehälter. Dieses Geld geben sie viel lieber an die Aktionäre weiter. Schließlich sitzen sie ja mit diesen im selben Boot.

# 77 Keine Angst, die Russen kommen
*Riesige Rohstoffvorkommen werden die Zukunft absichern*

Auf den ersten Blick spricht nicht viel für Russland als sicheres Anlageobjekt. Als eines der wenigen Länder der Erde hat es eine schrumpfende Bevölkerung. Das Land ist unglaublich groß, die Wege sind weit, die Winter kalt und die Heiz- und Transportkosten damit beträchtlich. Aber das Land sitzt auf Unmengen von Rohstoffen, allen voran Kohle, Erdgas und Nickel. Die Hälfte aller Kohlevorräte der Welt liegt unter russischer Erde, sowie ein Drittel allen Erdgases und Nickels. Man schätzt, dass etwa ein Sechstel aller mineralischen Naturrohstoffe der Welt sich auf russischem Gebiet befinden. Mit der kräftigen Zunahme der Ölexporte ist die Bedeutung der Förderung von Öl und Gas in Russland extrem gewachsen und spielt die Hauptrolle im Staatshaushalt. Obwohl Firmen wie Gazprom, Rosneft-Öl und Lukoil dazu verdammt sind, den Staatssäckel zu füllen, sind sie hochprofitabel. Ja, sie zählen zu den am günstigsten bewerteten Aktien der Welt. Kurs-/Gewinn-Verhältnisse von unter 5 sind da schon mal üblich, und das ist der Preis für wirtschaftliche und vor allem politische Unwägbarkeiten. Gazprom-Aktien gab es auch schon unter einem KGV von 3. Das ist unglaublich preisgünstig und durch nichts zu rechtfertigen, denn der Riese sitzt auf Gas-Reserven von weit über 100 Milliarden Barrel Öläquivalenten. Da er nur einen Teil seines Gases nach Europa exportiert, können politische Eiszeiten die Gewinne bremsen, aber nicht stoppen. Lukoil und Rosneft gehören zu den größten Erdölunternehmen der Welt, fördern aber ebenfalls Gas, das natürlich häufig an denselben Lagerstellen anfällt, und Gas wird in den nächsten Jahrzehnten weiter an Bedeutung gewinnen (siehe auch Kapitel: Gas gibt Gas, S. 96).

Mit seinen Goldvorräten belegt Russland den dritten Platz in der Welt. Der kanadische Goldriese Kinross ist beispielsweise sehr stark in Russland engagiert. Weltbekannt sind auch die Diamantenvorkommen in Nordostsibirien.

In unsicheren politischen Zeiten werden russische Rohstofftitel regelmäßig niedergeknüppelt. Das sind die besten Zeiten, um auf Schnäppchenjagd zu gehen. Der russische Staat wird seine Spitzenunternehmen nie fallenlassen. Er hat genug Geld. Denn im Vergleich zu den Westeuropäern ist er beinahe schuldenfrei.

# 78 Turnaroundstories sind die besten Stories
*Totgesagte leben oft länger und bringen dann die größten Gewinne*

Davon träumen alle Anleger: Eine Aktie liegt förmlich am Boden. Das Unternehmen steht auf der Kippe. Es geht ihm schlecht. Die Aktien können für wenig Geld eingesammelt werden. Dann dreht plötzlich der Wind. Er kommt nicht mehr von vorne, sondern von hinten. Die Firma rappelt sich auf. Die Unternehmensgewinne sprudeln wieder, und ab geht die Kursrakete. Das passiert sogar sehr häufig und führt zu spektakulären Kursgewinnen. So schaffte beispielsweise die Biotech-Firma Santhera innerhalb weniger Monate an der Börse die Wende. Bei einem Kurs von 2,31 Franken war sie 2014 fast ein Pennystock. Viele Anleger wetteten keinen Pfifferling mehr auf das Unternehmen, das Medikamente für seltene Krankheiten zur Marktreife bringen wollte. Dann aber kam der Turnaround. Innerhalb weniger Monate stieg das Papier auf über 100 Franken.

Ausgelöst wurde die massive Aufwärtsbewegung um fast 5000 Prozent durch die positive Bewertung einer klinischen Studie für das Medikament Catena zur Behandlung der Muskelkrankheit Duchenne-Muskeldystrophie. Komplizierter Sachverhalt, einfache Reaktion: Das Unternehmen fand frische Geldgeber und hatte plötzlich wieder eine strahlende Zukunft. Wer rechtzeitig eingestiegen war, konnte sein Geld verfünfzigfachen. Der Fall Santhera war so spektakulär, weil das Unternehmen hart auf der Kippe stand.

Es gibt aber auch Turnaroundstories, die sich sehr gut vorankündigen. Das ist meist im Umfeld von Kapitalerhöhungen der Fall. Investoren überlegen genau, ob sie einem kriselnden Unternehmen frisches Geld zur Verfügung stellen. Findet sich eine breite Unterstützung für die Firma bei Banken und Großinvestoren, lohnt sich auch der Einstieg für Kleinanleger. Nach einer Kapitalerhöhung verfügt eine Aktiengesellschaft über frisches Geld. Damit kommt sie nicht nur über die Runden, sondern meist auch richtig in Schwung.

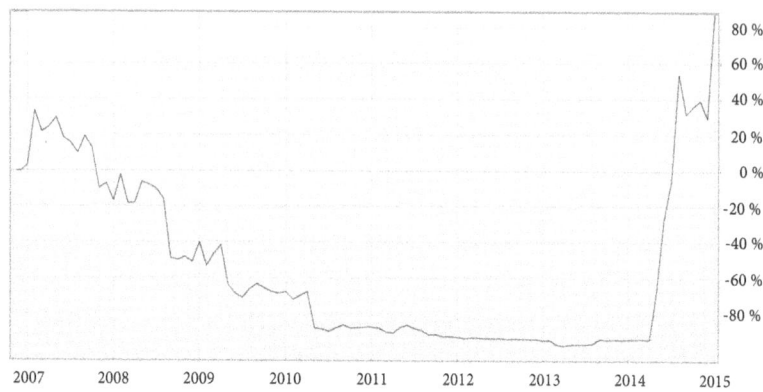

Der Wert von Santhera konnte sich in nur zwei Monaten plötzlich verzwanzigfachen.

Du als cleverer Anleger solltest genau auf die „Zeichen" rund um Kapitalerhöhungen achten. Versuche, sie zu deuten! Zieht nur ein Teil der Großaktionäre mit, hat das Unternehmen vielleicht nur vage Chancen, wieder richtig auf die Beine zu kommen. Werden die neuen Aktien jedoch rege gezeichnet, stehen die Ampeln für die Zukunft auf Grün. Lies einmal die Kommentare während der Zeichnungsperiode! Steht da etwas von „geringer Nachfrage" oder „Großaktionär nutzt Kapitalmaßnahme zum Ausstieg", wird es vielleicht noch etwas länger dauern, bis der Turnaround geschafft ist, und es mag sogar früher oder später zu einer weiteren Kapitalerhöhung kommen, wie wir es bei der Commerzbank und der Deutschen Bank erleben durften.

# 79 Denen die Arbeit nicht ausgeht
## Adecco, Randstad und noch mal viel Manpower

Wohl dem, der in einer Branche arbeitet, die immer Konjunktur hat. Das sind die Personalvermittler. Sie haben nämlich nicht nur Konjunktur, wenn die Konjunktur brummt. Klar: Wenn es viele freie Stellen gibt, dann wird viel Personal vermittelt. Aber wenn es der Wirtschaft schlechter geht, schlägt die Stunde der Spezialisten. Personalvermittler bieten nämlich auch Outplacement-Dienstleistungen an. Das heißt, sie lassen sich von den Firmen dafür bezahlen, dass sie teuren und in der Krise überflüssigen Führungskräften zu einem neuen Job verhelfen oder ihnen zumindest seelisch zur Seite stehen. Wenn der Wirtschaftsmotor stottert, werden die Dienste der Personalvermittler auch abgerufen, um die wenigen Spezialisten, die gerade jetzt nur noch eingestellt werden und die für ihr Geld besonders produktiv sein sollen, herauszusuchen. Die diversen Konjunkturzyklen fordern einen flexiblen Arbeitsmarkt, und Flexibilität ist das Kerngeschäft der Personalvermittler. Im Wirtschaftsabschwung werden vermehrt Zeitarbeitsverträge ausgestellt. Das ist auch wieder ein Plus für die gesamte Temporärarbeitsindustrie.

Die drei Großen der Branche, Randstad, Manpower und Adecco haben also genau genommen dauernd konjunkturellen Rückenwind. Kommt hinzu, dass sie wenig Kapital binden, es braucht ja für den Job des Personalvermittlers nur Büro und Computer. Mit dem vielen verdienten Geld sind Randstad (aus den Niederlanden), Manpower (aus den USA) und Adecco (aus der Schweiz) daher laufend auf Einkaufstour. Passende kleinere Personalvermittler werden weltweit übernommen. Das lohnt sich, denn der Personalvermittlungsmarkt ist eine der großen Wachstumsbranchen. Allen Unkenrufen zum Trotz geht uns die Arbeit nie aus. Sie ist nur schlecht verteilt.

Einen kleinen Konjunkturzyklus kennt die Zeitarbeitsbranche dennoch. Die Geschäfte laufen immer dann besonders gut, wenn die Konjunktur gerade erst anzieht, aber die Firmenbosse noch vorsichtig bleiben, da noch nicht alle Ampeln auf Grün gestellt sind. Dann boomen die Arbeitsverträge auf Zeit, weil Unternehmen mit den Festanstellungen noch warten. Je länger die Konjunktur also weder Fisch noch Fleisch ist, desto besser laufen Randstad, Manpower, Adecco und Co.

# 80 Den Schwung der Gewinner nutzen
*Die Momentumstrategie: Oft erfolgreich, oft gefährlich*

Viele aktive Anleger konzentrieren ihre Suche auf unterbewertete Titel. Die Investition zu einem tiefen Kurs und der spätere Verkauf zu einem hohen Kurs ist die sinnvollste und einleuchtendste Handelsstrategie (siehe Kapitel: Im Einkauf liegt der Gewinn, S. 43). Wie so oft im Leben gibt es aber auch Alternativen. Das Modell der relativen Stärke ist ein anderer Weg. Hier gehen Anleger nicht antizyklisch vor, sondern folgen ganz einfach einem Trend. Sie kaufen einen Titel, der sich bereits im Aufwind befindet. Das kann eine erfolgreiche Turnaroundaktie sein oder ein Titel aus einer Branche, die sich im Konjunkturhoch befindet. Wenn die Mehrzahl der Anleger davon ausgeht, dass sich dieser Trend fortsetzt, weil die Faktoren, die den Kurs in der Vergangenheit positiv beeinflusst haben, dem Titel weiterhin Schwung verleihen, ist diese Strategie erfolgreich. Die Aktie lässt dann vergleichbare Titel aus anderen Branchen, ja sogar vergleichbare Titel aus derselben Branche, hinter sich. Man nennt das „relative Stärke" oder positives „Momentum". Diese Stärke herauszufinden ist jedoch nicht ganz einfach.

Du als lernfähiger Privatanleger solltest dir ein paar wenige Aktien auf eine Beobachtungsliste setzen und diese Titel mit anderen Aktien derselben Branche oder gar einem ganzen Landesindex vergleichen. Merkst du dabei, dass der von dir auserwählte Titel über viele Monate stärker steigt als dein Vergleichsmaßstab oder umgekehrt weniger fällt als andere vergleichbare Aktien, so hast du vielleicht eine schöne Aktie für die Momentumstrategie entdeckt. Ist das Wertpapier nicht zu teuer, kannst du ein Spiel mit ihr wagen. Den Hauptanteil deines Geldes darfst du jedoch nie auf die Momentumstrategie setzen. Denn Trends können bekannterweise ähnlich wie die Mode schnell wechseln. Gefährlich wird es immer dann, wenn außer dir noch viele andere Anleger die gleiche Momentum-Aktie entdeckt haben.

## 81 Gute Medizin ist auch Technik
*Von Abbott Laboratories übers Drägerwerk bis Zimmer Holdings*

Viele Anleger denken beim Gesundheitssektor in erster Linie an die guten, aber teuren Pharmaaktien. Aber auch Krankenhausbetreiber und die Hersteller von Verbrauchsmaterial und Geräten sind wichtige Partner. Vor allem die Medizintechnik ist eine sehr starke Wachstumsbranche. Sie lief von 2008 bis heute an der Börse um rund ein Drittel besser als der gesamte Markt für Gesundheitsaktien. Das garantiert zwar nicht, dass dies auch in Zukunft so bleiben wird. Aber Medizintechnikaktien haben viele Pluspunkte. Sie zeigen eine solide Entwicklung und werfen selbst in einem schwierigen Marktumfeld im Vergleich zum Gesamtmarkt attraktive Erträge ab. Grund dafür ist die stetig wachsende Nachfrage nach klinischen Dienstleistungen und neuen Produkten. Das macht sie weniger schwankungsanfällig. Die Kostenbremse wird im Gesundheitswesen selten bei den Apparaten angesetzt, denn diese sind äußerst wichtig für den guten Ruf von Krankenhäusern und Arztpraxen. Wer nicht in neue Apparate investiert, gilt als veraltet und erhält weniger Zulauf. Deshalb gehören in die weiß gekachelten Räume auch schicke moderne Geräte, geradeso wie ein schickes Einfamilienhaus nicht auf die moderne Küche verzichten kann.

Daher läuft die Medizintechnik immer, und sie wird auch immer teurer. Das ist gut für Firmen wie Abbott Laboratories, Becton Dickinson, Drägerwerk, Essilor, Sonova, Zimmer Holdings Inc. und viele andere.

Seit zudem die Krankenhäuser das finanzielle Risiko, das von ungenügenden Behandlungen ausgeht, mittragen müssen, stehen Prozess- und Beschaffungsoptimierung im Brennpunkt. Darum arbeiten Krankenhäuser und Medizintechnikunternehmen immer enger zusammen. Genau wie in der Automobilindustrie entstehen dadurch langfristige und erfolgreiche Partnerschaften mit Kompetenzverlagerung zum Zulieferer, also zum Medizintechnikunternehmen. Dadurch erschließen sich den Medtech-Aktiengesellschaften zusätzliche Umsatzpotenziale aus neuen Dienstleistungsangeboten.

Die dazu benötigten anspruchsvollen Prozesse und Dienstleistungen können nur von mittelgroßen bis ganz großen Unternehmen erbracht werden, weshalb Fusionen und Übernahmen zunehmen werden. So hat beispielsweise der amerikanische Riese Medtronic, ein bekannter Produzent von Herzschrittmachern, für 43 Milliarden Dollar den irischen Konkurrenten Covidien übernommen. Medtronic will mit der Übernahme und der Verlegung des Hauptsitzes von Minneapolis nach Irland seine Steuerlast reduzieren. In Irland beträgt die Unternehmenssteuer nur 12,5 Prozent, in den Vereinigten Staaten sind es 35 Prozent. Die nächsten Jahre werden also einträglicher. Übernahmen und Fusionen bereinigen den Markt. Das wird die Aktienkurse antreiben. Denn sobald eine Firma aufgekauft wird, gibt es für die Aktionäre gutes Geld, und das lockt wieder weitere Investoren an.

## 82 Sei ein Spielverderber
*Antizyklisch investieren bringt mehr Rendite*

Anleger verhalten sich gern prozyklisch. Damit ist Folgendes gemeint: Geht es mit der Börse bergauf, nimmt ihr Risikoappetit zu. Sie kaufen wie verrückt Aktien. Meist tun sie das ganz zum Schluss eines Börsenzyklus. Der Grund: Sie wollen mit der Masse schwimmen. Es ist für sie unerträglich, nicht dazuzugehören, wenn es bergauf mit den Kursen geht. Je länger diese steigen, desto schmerzhafter kann dieses Gefühl werden. Der Mensch ist halt ein soziales Wesen. Sämtliche Untersuchungen zeigen, dass Kleinanleger in der Hausse ihre Aktienquote hochfahren, mit der unausweichlichen Folge, dass sie ins Messer der Baisse laufen. Dreht der Markt, wollen sie den Kurswechsel nicht wahrhaben, da sie sich ja plötzlich eingestehen müssten, falsch investiert zu haben. Diesen sogenannten Kontrollverlust können sie nicht ertragen. Erst mit der Zeit realisieren sie die Verluste. Wenn nun alle Marktteilnehmer dem Baisse-Trend hinterherlaufen und schrittweise Papiere abstoßen, sehen sich die prozyklischen Anleger genau der gleichen Situation gegenüber wie vorher bei der verpassten Hausse. Sie bekommen es mit der Angst zu tun und stoßen schrittweise Aktien ab – allerdings viel zu spät. Sie fahren, fachmännisch ausgedrückt, ihre Aktienquote herunter. Das ist aber erneut verkehrt, denn jetzt müssten sie eigentlich gerade gegen den Strom schwimmen und die Aktienquote hochfahren.

Eine Untersuchung der Migrosbank zeigt, dass Privatanleger in den letzten rund zehn Jahren etwa 10 Prozent weniger an Rendite eingefahren haben, weil sie in der Baisse ihre Aktienquote reduziert statt hochgefahren hatten und weil sie in der Hausse eher zukauften statt abzubauen. So entgingen ihnen weit über 20 Milliarden Franken.

Du, cleverer Privatanleger, brauchst der Masse nicht nachzulaufen für dein Glück. Bilde dir immer deine eigene Meinung und sei skeptisch, wenn alle derselben Auffassung sind. Habe genau dann den Mut, gegen den Strom zu schwimmen.

# „Euphorie und Panik sind die schlechtesten Ratgeber bei Geldanlagen",

sagte der Börsenaltmeister Roland Leuschel. In der Euphorie ist es besser, zu verkaufen. In der Panik ist es besser, zu kaufen. Je länger die Hausse oder Baisse dauert, desto lohnender wird es, gegen den Strom zu schwimmen.

## 83 Sicherheit geht über alles
*Eine Branche im konstanten Aufwind*

Der Wunsch nach Sicherheit ist ein zentrales Bedürfnis fast aller Menschen. Deshalb kaufen sie Versicherungen. Deshalb verschließen sie ihre Häuser und Autos. Je unsicherer die Zeiten, desto größer die Bereitschaft, in Sicherheit zu investieren. Zur Not werden sogar die Fenster und Computer verbarrikadiert. Seit den vielen Attentaten und Datendiebstählen nehmen die Anforderungen an Sicherheitschecks im Waren- und Personenverkehr stetig zu. Seither gibt es vermehrt Überwachungssysteme an öffentlichen Plätzen, Flug- und Seehäfen, Bahnhöfen und sogar in der Fußballarena. Gerade Stadien sind aufgrund ihrer dicht mit Menschen besetzten Ränge neuralgische Punkte, an denen Terroranschläge, aber auch Unfälle und Panikattacken, katastrophale Folgen haben können. Es gibt mittlerweile sogar Computerprogramme, welche die optimale Evakuierung von großen Sportstätten simulieren und die bereits bei der Bauplanung eingesetzt werden. Ausgeweitet wurden Anstrengungen, öffentliche Einrichtungen präventiv vor Anschlägen zu schützen, aber auch Wirtschafts- und Industriespionage verlangen nach komplizierten und teuren Abwehrmaßnahmen. Informationstechnologien und digitalisierte Steuerungsprozesse verbessern, verteuern aber auch gleichzeitig die Aufwendungen von Unternehmen, Staaten und Privatpersonen für die Sicherheit. So entstand ein 200-Milliarden-Euro-Markt mit fast zweistelligen Wachstumsraten, in dem sich simple Überwachungsfirmen tummeln, deren größter Kostenblock massige Muskelmänner sind, die sich vor den Zugangstüren aufbauen bis hin zu Hochtechnologieunternehmen, die biometrische Pässe oder Iris-Erkennungssysteme entwickeln.

Als cleverer Anleger hast du, anders als der Passagier am Flughafen, der sich durch die Scanner quälen muss, fast die Qual der Wahl. Du kannst in Firmen gehen, die wie die amerikanische Symantec oder die chinesische Qihoo 360 Anti-Computervirensoftware herstellen. Du kannst dein Geld auch in Kaba investieren.

Dahinter steckt kein Kakaogetränk, sondern der „Kassenbauer" aus der Schweiz, ein Spezialist für Türschloss- und Zugangskontrolle mit Milliardenumsatz, der immer wieder neue, clevere Zutrittslösungen auf den Markt bringt. Groß geworden mit Kassenschränken aus Stahl, macht die Firma jetzt in Chips und High Tech. Die Warenprüfgesellschaft SGS ist ein noch größeres und dennoch gleichfalls recht unbekanntes Unternehmen. Die Abkürzung steht für Société Générale de Surveillance, weil die Firma aus Genf, also aus der französisch sprechenden Schweiz, stammt. SGS prüft, verifiziert, testet und zertifiziert – beispielsweise, ob Gesundheits- und Sicherheitsbestimmungen sowie gesetzliche Vorschriften eingehalten werden. Das machen fast 100 000 Mitarbeitende weltweit. Tröstlich für die leidgeprüften deutschen Autofahrer unter den Anlegern mag die Beteiligung der SGS am saarländischen TÜV wirken.

Wichtig ist, dass du bei den Sicherheitsaktien selbst auf Nummer sicher gehst und nicht zu teuer einsteigst. Denn die Aktien der gesamten Branche sind sehr schwankungsanfällig und je nach Börsenzyklus nicht gerade billig. Sicherheit hat ja bekanntlich ihren Preis.

# 84 Der frühe Angler fängt den Fisch
*Warnzeichen an der Börse rechtzeitig erkennen*

Gewinne an der Börse mitzunehmen ist gar nicht so einfach, wie es auf den ersten Blick erscheint. Denn wer weiß schon, wann der beste Zeitpunkt zum Verkauf einer Aktienposition gekommen ist? Oft ärgern sich die Anleger im Nachhinein und hadern mit ihrem Schicksal nach dem Motto: „Ach, hätte ich doch damals verkauft!" Es gibt aber einige untrügliche Vorwarnsysteme. Sie sind zwar keine Garantie für den optimalen Verkaufszeitpunkt, wer aber auf sie hört, verbessert seine Rendite, weil die Vorwarnung des Öfteren das richtige Signal setzt.

Kurz vor einer größeren Korrektur an den Börsen nimmt die sogenannte Volatilität zu. Damit sind die Schwankungen der Kurse sowohl nach oben als auch nach unten gemeint. Schließt beispielsweise der Austrian Traded Index (ATX), der wichtigste Aktienindex in Österreich, nach einem Handelstag mit 0,1 Prozent im Plus, hat aber den ganzen Handelstag zwischen einem Plus von 2 Prozent und einem Minus von 2 Prozent hin und her geschwankt, so ist das ein untrügliches Zeichen dafür, dass die Anleger nervös sind. Wiederholen sich Tage mit großen Schwankungen im Verlaufe einer Börsenhausse häufig, dann wird es gefährlich. Es herrscht akute Absturzgefahr. Du als cleverer Anleger solltest jetzt über Gewinnmitnahmen nachdenken. Es braucht nämlich nicht mehr viel – eine schlechte Nachricht aus der Wirtschaft zum Beispiel – und es hagelt Verkaufsaufträge. Hast du rechtzeitig auf das Warnsignal gehört, bist du mit Gewinn draußen und kannst in Ruhe abwarten, bis sich der Sturm wieder gelegt hat.

Ein weiteres untrügliches Zeichen nahender Börsenkorrekturen liefert der IPO-Markt. Damit ist der Markt für Neuemissionen gemeint. Wenn immer mehr Jungunternehmen den Sprung an die Börse wagen, ist der Börsenzyklus in einer Aufwärtsbewegung und die Bewertungen sind bereits anspruchsvoll. Denn kein Unternehmen würde seine Anteilscheine dann verkaufen, wenn die Käufer nicht bereit sind, dafür einen hohen Preis zu zahlen. Wagen sich gar Firmen an die Börse, die kaum Gewinne machen und das Blaue vom Himmel versprechen, sollte man generell über Gewinnmitnahmen nachdenken. Denn das ist die Zeit der „Putzfrauenhausse", wenn die schwachen Hände sich die Aktienempfehlungen aus Bild, Blick und Kurier zusammenklauben und von Freunden „Geheimtipps" erhalten. Dann besteht große Absturzgefahr.

Sperrfristen sind ebenfalls gute Wegmarken. Altaktionäre müssen nach Börsengängen ihre Aktien eine Weile behalten. Dazu müssen sie sich verpflichten. So soll verhindert werden, dass sie vorschnell und auf dem Rücken derjenigen, die neu ins Unternehmen eingestiegen sind, Kasse machen. Meist dauert diese Sperrfrist sechs Monate. An der Frankfurter Goethe-Universität hat man errechnet, dass Aktien in den 30 Tagen nach Ablauf von Sperrfristen deutlich schlechter laufen als der Gesamtmarkt. Und zwar um fast acht Prozent. Und das bei deutlich stärkeren Umsätzen in den Titeln, die offenbar von Altaktionären in größerem Umfang abgestoßen wurden. Im sechsten Monat der Sperrfrist kannst du als cleverer Anleger also über Gewinnmitnahmen nachdenken, ehe es zu spät ist.

## 85 Anfängerglück ist gefährlich
*Erste Gewinne an der Börse bringen schnell Unheil, wenn man nicht auf der Hut ist*

Einer der fiesesten Tricks von Glückspielbetrügern ist es, ihren Gegenspieler erst einmal gewinnen zu lassen. Wer in den ersten Runden eines Spiels Geld verliert, steigt gern aus. Wer ordentlich abgesahnt hat, bekommt Durst nach mehr. Und tappt dann in die Falle. Überzeugt, gute Karten zu haben oder einfach gut zu spielen, erhöht der vermeintliche Glückspilz den Einsatz und wird schließlich ausgenommen wie eine Weihnachtsgans.

An der Börse geschieht oft das Gleiche. Nach ersten Erfolgen mit relativ bescheidenem Einsatz setzen immer mehr Börsenanfänger immer mehr Geld ein. Manchmal nehmen sie sogar Kredit auf, um ihren Einsatz zu erhöhen, weil sie meinen, ein gutes und sicheres Händchen für Börsengeschäfte zu haben. Doch dann werden sie ausgerechnet vom statistischen Normalfall eingeholt. Sie hatten vorher nur einen Zufallstreffer gelandet oder haben Gewinn gemacht, weil sich die Börse gerade in einem langen Bullenmarkt bewegte. Während dieser Zeit hat sich der Anfänger fälschlicherweise als Börsengenie gefühlt. Aus Selbstüberschätzung hat er jetzt seinen Einsatz erhöht, durch Kredite gar mit einem Hebel aufs Eigenkapital spekuliert. So gerät er arg unter die Räder, wenn die Börse korrigiert. Ihr Verhalten ähnelt dem blauäugigen Casinobesucher, dem man ein paar Chips gratis überlässt, damit er sich an den Roulette- und Black-Jack-Tischen ruiniert.

Als cleverer Anleger musst du dich in Bescheidenheit üben. Frage dich immer erst einmal, ob deine Börsengewinne nicht doch eher Zufall sind. Wenn du mit deinem Aktiendepot in den letzten paar Jahren 40 Prozent Gewinn gemacht hast, heißt das vielleicht bloß, dass du genauso gut abgeschnitten hast wie der Börsenindex, also wie fast alle. Erst wenn du lange Jahre deutlich bessere Ergebnisse erzielst als die meisten anderen Anleger, könnte ein besonderes Talent im Spiel sein.

Aber tröste dich. Du brauchst kein Finanzgenie zu sein. Es genügt, die gröbsten Fehler und Fallen zu vermeiden und einige Kniffe zu beherrschen. Wenn du an dieser Stelle des Buches angelangt bist, bist du schon sehr weit.

Anlagebetrüger nutzen das Anfängerglück schamlos aus. Sie rufen wahllos mögliche Opfer an und empfehlen eine Aktie. Floppt der Tipp, hört man nichts mehr von ihnen. Steigt die Aktie aber nach ein paar Tagen oder Wochen, rufen sie erneut an und brüsten sich mit ihrem Supertipp. Dann lassen sie oft die Katze aus dem Sack und überreden ihre Opfer zum Kauf von angeblich ähnlich vielversprechenden oder gar der gleichen Graumarktaktie. Das sind alles Wertpapiere, die an keiner Börse gehandelt werden. Wer sich darauf einlässt, sieht sein Geld meistens nie wieder. Denn die vermeintlichen Kursraketen erweisen sich bald als Rohrkrepierer, und da sie an keiner Börse gehandelt werden, kriegt man sie auch nie mehr los (siehe auch Kapitel: Augen auf im Freiverkehr, S. 75).

Ich hatte einmal einen Arbeitskollegen. Der ließ sich am Telefon zum Kauf eines „Handelskontraktes" überreden. 12 500 Euro überwies er auf ein Konto eines Vermögensverwalters, der damit „spekulierte". Alle paar Wochen erhielt mein Arbeitskollege einen Kontoauszug über sein angelegtes Geld. Das vermehrte sich schnell – zumindest auf dem Papier. Nachdem 18 000 Euro auf seinem Konto standen, wurde er vom Vermögensverwalter erneut „angezapft" und ließ sich zur „Zeichnung" eines weiteren Kontraktes zu 12 500 Euro überreden.

„Mir ist egal, ob die Puts oder Calls kaufen, Hauptsache die vermehren mein Geld. Das sind offensichtlich Profis", sagte mein Arbeitskollege, der gleichzeitig Buchhalter in unserer Firma war. Er hat von seinen 25 000 Euro keinen einzigen Cent wiedergesehen.

# 86 Achte auf die Ästhetik des Goldenen Schnitts
*Die Natur hat immer recht*

Für den Laien scheinen die Kurse an den Finanzmärkten ohne Ordnung und ohne Muster zu schwanken. Auf dem Krankenbett zur Muße und zum Nachdenken gezwungen, glaubte der US-Amerikaner Ralph Nelson Elliott in den Kursbewegungen der Märkte immer wiederkehrende Muster zu erkennen. Er hatte halt viel Zeit zum vergleichenden Betrachten. Seine Erkenntnisse wurden in der Elliott-Wellen-Theorie zusammengefasst. Ihr schreiben die Statistiker eine höhere Trefferquote zu als der klassischen Chartanalyse mit all ihren schönen Köpfen, Flaggen und Schultern.

Allerdings hapert es etwas mit der richtigen Interpretation der verschiedenen Wellenmuster. So sagte Robert R. Prechter, einer der führenden Nacheiferer Elliotts, nach dem großen Crash von 1987 eine noch bedeutendere Korrektur voraus und ruinierte damit seinen Ruf, den er sich durch eine Reihe hervorragender Prognosen vorher mühevoll aufgebaut hatte. Der noch größere Crash blieb nämlich seither aus. Es gab einige kleinere Crashs, aber keiner war so schlimm wie der vom 19. Oktober 1987. Ein Viertel der Börsenkapitalisierung an einem Tag zu vernichten, das soll mal einer nachmachen. Prechter predigte aber fleißig weiter die bevorstehende, noch schlimmere Börsenhölle.

Die Elliott-Wellen-Theorie liefert dennoch einen sehr guten psychologischen Erklärungsrahmen für den ewigen Wechsel zwischen Hausse und Baisse auf Basis der Fieberkurven der Aktienindizes. Elliott glaubte an die fraktale Geometrie der Börsencharts, welche den Harmonieregeln des aus Pisa stammenden Mathematikers Leonardo Fibonacci gehorchen sollen. Dieser entdeckte eine Zahlenfolge (0, 1, 1, 2, 3, 5, 8, 13, 21, 34, 55 und so fort), die sich ergibt, indem von 0 und 1 ausgehend jedes Reihenglied durch Addition der beiden vorhergehenden Zahlen zusammengesetzt wird. Bildet man anschließend den Quotienten zweier benachbarter Fibonacci-Zahlen, so konvergiert der Quotient gegen 1,618, einem Verhältnis, das dem ästhetischen Proportionenempfinden des Menschen entspricht und in der Kunst und Natur als Goldener Schnitt bezeichnet wird. Der Kehrwert dieses Quotienten ist 0,618. Ein Fotoporträt vor Landschaftshintergrund wird vom menschlichen Auge nicht als schön empfunden, wenn die abgebildete Person genau in der Mitte steht. Erst wenn sie knapp zwei Drittel nach rechts oder links rutscht, wird ein ansprechendes Foto daraus.

In den fraktalen Strukturen (geometrische Muster) der Natur kommt dieses ästhetische Verhältnis (circa 60/40) oder dem Quotienten aus um zwei Plätze benachbarten Fibonacci-Zahlen (0,3820) oder gar dem Quotienten von um drei Plätze voneinander entfernten Fibonacci-Zahlen (0,236) immer wieder vor. Das Kleine spiegelt sich so in harmonischen, wenn auch nicht exakt auf jede Kommastelle genau vorhersehbaren Untereinheiten des Großen. Leonardo Fibonacci hat damit im Jahr 1202 das Wachstum einer Kaninchenpopulation beschrieben.

Elliott wiederum fand Fraktale in den untergeordneten zyklischen Wellen der Börsen wieder. So folgen die Größenverhältnisse von Korrekturwellen und Aufwärtsbewegungen häufig den Regeln des Goldenen Schnitts. Für den Laien ist das aber sehr schwer zu erkennen.

In erster Linie liegt der Verdienst der Elliott-Wellen-Theorie nicht in einer exakten Kursprognose, sondern in der Erklärung massenpsychologischer Phänomene. Auch diese gehorchen wohl den Regeln des Makro- und Mikrokosmos. Auf Euphorie folgen in der Seele der Börsianer häufig kurze Phasen des Zweifels. Auf abgrundtiefem Verzagen keimt das zarte Pflänzchen der Hoffnung, die sogleich von einem neuen Kurssturz hinweggefegt werden kann.

Nach einer beispiellosen Hausse führt ein schwerer Bärenmarkt den Index selten um genau die Hälfte seines vorangegangenen steilen Anstiegs zurück. Oft macht er tatsächlich bei knapp 40 Prozent im Minus halt. Es kann aber auch sein, dass er knapp über 60 Prozent seines vorangegangenen Gewinnes verliert, ehe er nach einer Bodenbildung eine Korrektur um Fraktale der Fibonacci-Ästhetik unternimmt. Oder aber er korrigiert um den Quotienten zwischen einer Zahl aus der Fibonacci-Reihe und der überübernächsten Zahl, deren

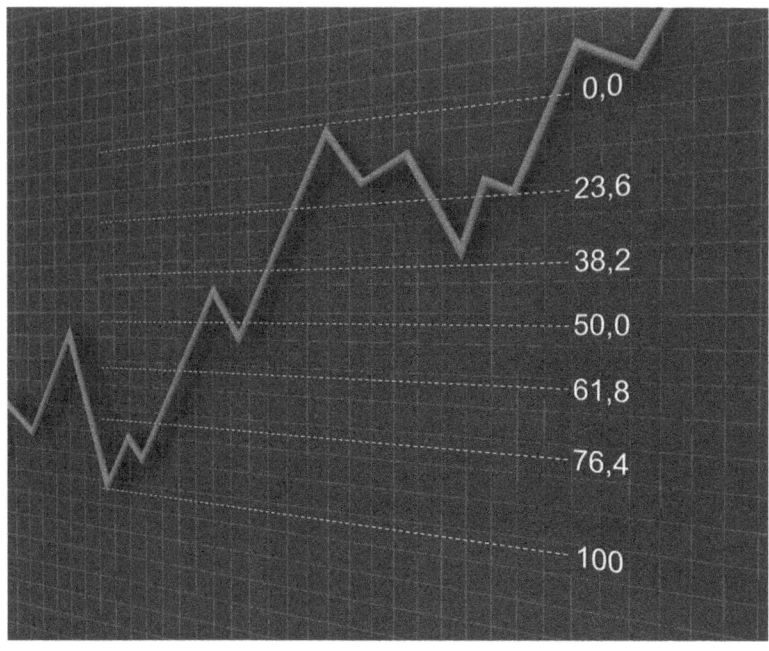

Börsenkurse folgen in ihrem Auf und Ab sehr häufig den ästhetischen Regeln des Goldenen Schnitts.

Verhältnis bei rund 0,236 liegt, also um rund 23 Prozent. Die Zahlenverhältnisse der Fibonacci-Reihe können wichtige Wendepunkte im Kursverlauf markieren. Sie müssen es aber nicht. Es lohnt sich dennoch, ein waches Auge auf sie zu werfen. Denn oft wirken sie wie eine selbsterfüllende Prophezeiung. Alle Chartisten schauen auf einen sich abzeichnenden möglichen Wendepunkt im Aktienchart, schließlich positionieren sich viele Anleger entsprechend, und die Wende tritt dann auch tatsächlich ein.

# 87 Geduld bringt Rosen
### ... auch an der Börse

Die Börse ist ein hektischer Ort, und die Arbeitsplätze von Investmentbankern sind es auch. Du jedoch brauchst dich davon nicht anstecken zu lassen. „Drei Dinge treiben den Menschen zum Wahnsinn. Die Liebe, die Eifersucht und das Studium der Börsenkurse", sagte einst der weltberühmte Ökonom John Maynard Keynes. Nur die erste lohnt den ganzen Aufwand.

Also bleib ruhig. In deinen Ferien wird die Wirtschaft nicht untergehen. Du kannst es übrigens mit deinen Anlagen ebenfalls ganz gemächlich angehen lassen. Spekuliere nicht hektisch hin und her. Kostolany empfahl Folgendes:

**„Kaufen Sie Aktien, nehmen Sie Schlaftabletten und schauen Sie die Papiere nicht mehr an. Nach vielen Jahren werden Sie sehen: Sie sind reich."**

Und in der Tat, wenn du einige der weiter hinten beschriebenen „Blue Chips" kaufst und dich dreißig Jahre schlafen legst, wirst du wahrscheinlich erstaunlich reich aufwachen.

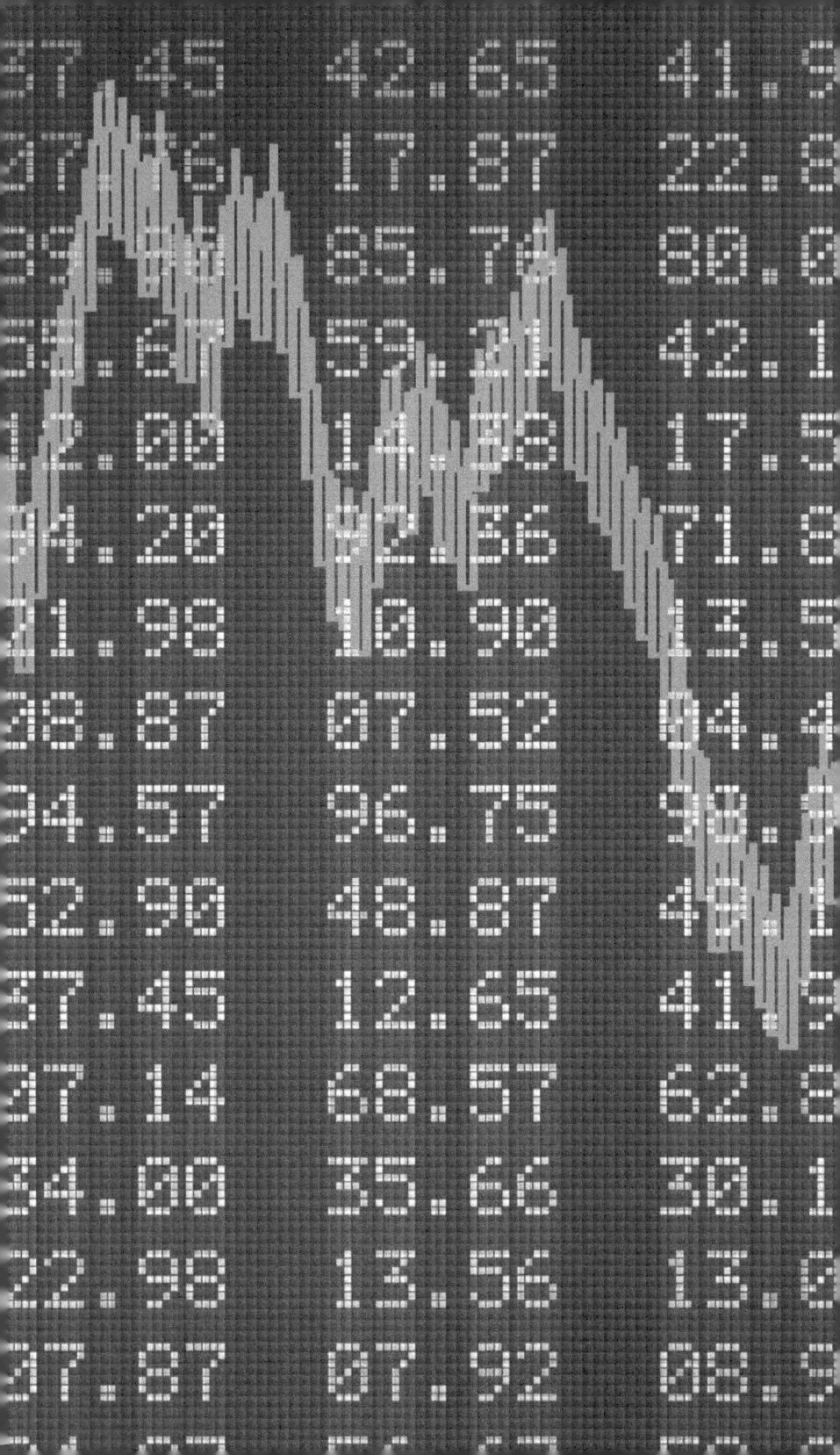

# Eine Auswahl der besten Aktien der Welt

# 88 Allianz-Gruppe
## Hoffentlich Allianz versichert

In der Schaden- und Unfallversicherung ist das Traditionshaus weltweit die Nummer eins. Darum hat der Firmenslogan universellen Charakter. Neben Absicherung von Schäden bietet die Allianz Vorsorge (Lebens- und Krankenversicherung) und Vermögensverwaltung (Bankgeschäft und Asset Management) an. Der Konzern setzt sich aus einem ganzen Netz von Unternehmen zusammen, zu denen allerlei unabhängige Gesellschaften wie PIMCO und der Kreditversicherer Euler Hermes gehören. Der Konzern zählt über ein Prozent der Weltbevölkerung zu seinen Kunden. In Phasen niedriger Zinsen kommt das Lebensversicherungs- und Rentengeschäft immer mal wieder unter Druck. Doch aufgrund der langfristigen Kapitalbindung ist dieser Geschäftsbereich eine hervorragende Finanzierungsquelle für die Allianzgeschäfte. Den Großteil ihrer Umsätze erzielt die Versicherungsgruppe wegen ihres guten Rufes unter dem eigenen Markennamen. „Hoffentlich Allianz versichert" ist noch immer ein geflügeltes Wort. Kaum eine Versicherung wird von der Allianz nicht abgedeckt. Da gibt es Managerhaftpflichtversicherungen und private Krankenversicherungen, Autohaftpflicht und Ernteausfallversicherungen.

Im Jahr 2001 wurde die Dresdner Bank übernommen. 2008 trennte man sich vom verlustreichen Engagement und verkaufte sie an die Commerzbank. Damit war der übermütige Ausflug ins reine Bankgeschäft beendet. Mit Versicherungen ist man erfolgreicher und fokussierter. 2006 verschmolz die Allianz AG mit ihrer italienischen Tochter RAS und nahm die Rechtsform einer Europäischen Gesellschaft (Societas Europaea/SE) an. In Europa ist die Allianz neben der französischen Axa der unangefochtene Platzhirsch mit einem operativen Ergebnis im zweistelligen Milliardenbereich und Umsätzen weit über 100 Milliarden Euro. Daraus lässt sich eine stattliche Dividende zahlen, womit die Aktie für Langfristanleger fast ein Muss ist.

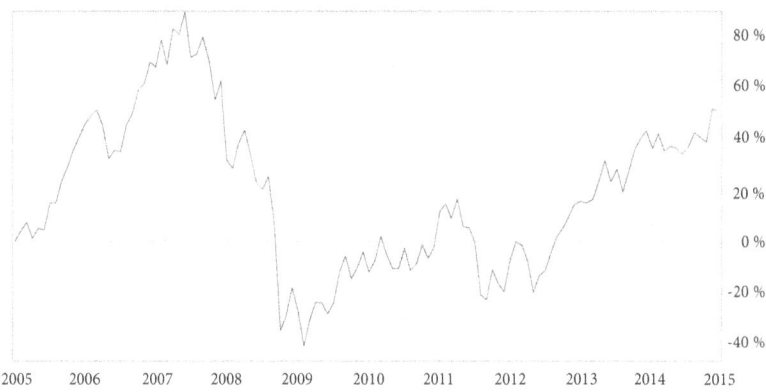

Vor dem großen Sprung? Die Allianz-Aktie

## Statt eine Lebensversicherung bei der Allianz abzuschließen, bietet sich gleich der direkte Kauf der Allianz-Aktie an.

Diese dürfte auf Sicht von 30 oder 40 Jahren eine deutlich höhere Rendite abwerfen als das altbackene Produkt Kapitallebensversicherung, auch wenn das der Versicherungsriese verständlicherweise nicht gern liest.

## 89 Diethelm Keller Siber Hegner
*Denk an Asien, Denk an DKSH*

DKSH ist als Abkürzung fast unaussprechlich. Vielleicht liegt es daran, dass fast niemand die Firma kennt, obwohl sie mit über 25 000 Mitarbeitern zu den größten multinationalen Firmen der Schweiz gehört. In der Schweiz selbst arbeitet nur ein Hundertstel der Belegschaft. DKSH steht für Diethelm Keller Siber Hegner. Zugegeben, der Name lässt sich denkbar schlecht abkürzen. Abkürzen ist aber das Geschäftsmodell der Firma. Denn sie sorgt dafür, dass Firmen in fremden Ländern schneller Fuß fassen: DKSH ist ein Handelsunternehmen, das anderen Firmen mit Beschaffung, Markteintrittsberatung und Analysen, Marketing und Vertrieb, Distribution und Logistik sowie Reparatur- und Kundendienst auf die Sprünge hilft. Dafür sorgt ein eingespieltes Team, das hauptsächlich aus dem fernen Osten operiert. DKSH liefert ihren Kunden Vorprodukte, vertreibt Endprodukte, registriert diese im Bestimmungsland und sorgt fürs Inkasso. Kurz: All die schwierigen Gänge im boomenden, aber manchmal recht chaotischen pazifischen Wirtschaftsraum kann DKSH seinen Kunden abnehmen. Über 95 Prozent der Niederlassungen von DKSH liegen im boomenden Südosten der Erde. Daher der Slogan: „Think Asia. Think DKSH." Das zeigt den Schwerpunkt. In diesem Wirtschaftsraum ist das Unternehmen seit Gründung und damit seit 150 Jahren präsent und bedient als verlässlicher Partner täglich über 300 000 Einzelhandelsgeschäfte und über 160 000 Spitäler, Apotheken und Drogerien. Die Distributionsflotte von DKSH besteht aus weit über 2000 Fahrzeugen.

Der Logistikriese konnte lange Jahre nur außerbörslich gehandelt werden, ist aber seit 2012 an der Zürcher Börse beheimatet. Zu den Hauptaktionären zählt die Familie Peugeot (die mit dem Auto). Die reiche französische Industriellenfamilie hat einen guten Teil ihres Vermögens in das nach außen hin recht diskrete Schweizer Unternehmen investiert. Das lässt tief blicken. DKSH ist ein stiller Gigant, der in den letzten Jahren fast regelmäßig zehnprozentige Wachstumsraten kannte. Asien sei Dank.

# 90/91 Fresenius Medical Care und Fresenius
*Erfolgreiche Tochter, erfolgreiche Mutter*

Je älter der Mensch wird, desto häufiger versagen seine inneren Organe, allen voran Herz oder Niere. Bei chronischem oder akutem Nierenversagen sind meist beide Nieren gleichzeitig betroffen und die Blutreinigung muss außerhalb des Körpers im Dialyseapparat erfolgen. Ein Drittel aller Dialyseprodukte weltweit werden von einer deutschen Firma mit amerikanischem Namen vertrieben: Fresenius Medical Care, abgekürzt FMC. Mit seiner Gründung 1996 aus der Fusion des Dialysegeschäftes der amerikanischen Firma Grace und des Bad Homburger Traditionshauses Fresenius entstand ein Weltmarktführer, an dem die Muttergesellschaft Fresenius SE größter Aktionär geblieben ist. Fresenius ging aus einer Frankfurter Apotheke hervor, die bereits im 15. Jahrhundert existierte. Die Aktien des Dialysespezialisten sind gleichzeitig in Frankfurt und New York notiert. Das Unternehmen wächst seither wie von alleine.

FMC's Hauptmarkt sind die USA. Dort macht das Unternehmen zwei Drittel seines Umsatzes. Der ungesunde Lebensstil der Amerikaner bringt eine hohe Zahl von Kranken mit sich, denen Fresenius Tag für Tag aufs Neue das Leben rettet. Der Dialysemarkt wächst jährlich sehr konstant weltweit um rund sechs Prozent, in Schwellenländern sogar noch stärker. FMC wird langfristig ebenfalls weiter wachsen und für seine lebenserhaltenden Dienste durch solide Gewinne belohnt werden.

Die Muttergesellschaft Fresenius hält zwar die Aktienmehrheit an ihrer Dialysetochter. Die eigenen Aktien befinden sich jedoch zu mehr als der Hälfte breit gestreut. Breit gestreut ist auch das Betätigungsfeld des Bad Homburger Pharma- und Gesundheitsunternehmens. Es stellt Infusionslösungen her, medizinische Analyse- und Überwachungsgeräte, Nährstoffe und medizinische Kunststoffverbrauchsgüter. Seit 2013 etabliert sich die ehemalige Hirsch-Apotheke als einer der größten privaten Klinikbetreiber Deutschlands. Auch hier profitiert man von der alternden Gesellschaft.

## 92 Geberit
*Spülgeld, das sich lohnt*

Die bedeutendste Erfindung der Menschheit ist das WC. Zumindest aus medizinischer Sicht. Denn es rettet Menschenleben. Das ist kein Witz. Die Erfindung der Wasser-Toilette hat die hygienischen Bedingungen revolutioniert und dadurch viele Millionen Menschenleben gerettet. Seuchen sind heute selten geworden. Dank sei dem Water Closet.

Der am Zürichsee beheimatete Sanitärspezialist Geberit ist unbestrittene Nummer eins in Europa bei Installationsanlagen wie Spülkästen sowie Innengarnituren bis hin zum Dusch-WC und auch noch bei den Rohrleitungssystemen. Alles muss sauber und auch geräuscharm sein, denn Spülen soll nicht stören. Dafür wird viel geforscht und entwickelt. Geberit bringt es auf sage und schreibe rund 100 Patentanmeldungen in einem Zyklus von fünf Jahren. Das ist Spitze. Durch diese Innovationskraft gewinnt das Unternehmen ständig Marktanteile und sichert sich gleich noch eine exzellente Gewinnmarge.

Am stärksten wächst man in Afrika. Dort ist großer Nachholbedarf. In den westlichen Industrienationen profitiert Geberit vom Megatrend „Wellness". Badezimmer werden zu Oasen. Natürlich spielt auch das Design eine große Rolle, weshalb die Spülkästen immer diskreter hinter der Wand verschwinden. Hygiene selbst wird mittlerweile als selbstverständlich vorausgesetzt.

Geberit ist ein Milliardenunternehmen mit konstanten Wachstumsraten in einer Branche, die viele zu Unrecht als langweilig betrachten. Die im Branchenvergleich überdurchschnittliche Innovationsstärke hilft, Geberits Erfolg nachhaltig zu sichern. Pro Jahr werden rund 50 Millionen Franken allein in Forschung und Entwicklung investiert. Sämtliche Neuentwicklungen durchlaufen dabei einen strukturierten Innovationsprozess. In wichtigen Schlüsselmärkten bestehen eigene Entwicklungs-Kompetenzzentren. Die Firma setzte bereits früh auf umweltfreundliche Produkte und deckt damit die Bedürfnisse des weltweiten Wachstumsmarkts für nachhaltiges,

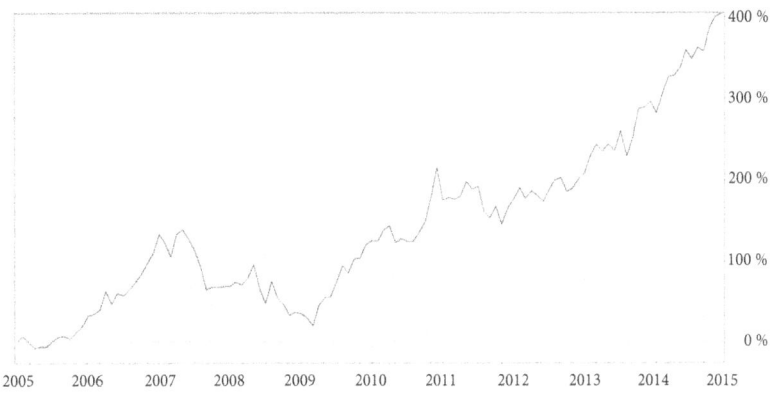

Läuft wie Wasser, die Geberit-Aktie.

also umweltfreundliches Bauen ab. Die größte Umweltleistung ist jedoch der Beitrag zum Wassersparen. Milliarden Kubikmeter Wasser konnten bereits durch moderne Spülkästen, Steuerungen, Armaturen und Versorgungsrohre eingespart werden. Solange Trinkwasser statt Regenwasser durch die Spülkästen rauscht, spart das viel Geld und schont die Umwelt.

# 93 Monsanto
*Mit Gen-Cocktail zu reicher Ernte*

Hört er Monsanto, sträuben sich einem waschechten Biobauern die Haare. Besonders in Europa hat das US-amerikanische Unternehmen nicht den besten Ruf. Neben Unkrautvernichtungsmitteln stellt Monsanto vor allem genmanipuliertes Saatgut her. Das weckt schon mal Angstreflexe. Allerdings handelt es sich bei Monsantos Sämereien nicht um Frankenstein-Pflanzen, sondern um robuste Mais-, Soja-, Baumwoll- und Rapssorten. Das ist agrarische Massenware, weshalb Monsanto-Samen oft in Monokulturen zum Einsatz kommen. Wenn auf einem großen Feld immer nur dasselbe angebaut wird, steigt bekannterweise die Anfälligkeit gegen Schädlinge. Monsanto-Wissenschaftler pflanzen ihren Sämereien Resistenz-Gene gegen Schädlinge ein und obendrein noch gegen das hauseigene Unkrautvernichtungsmittel RoundUp. Hier ist der Name wirklich Programm. Damit schlagen die cleveren Amerikaner gleich mehrere Fliegen mit einer Klappe.

Das Saatgut ist nicht gerade billig, steigert aber die Produktivität pro Ackerfläche. Denn der Boden wird überall auf der Welt immer mehr zum seltenen und kostbaren Gut. Um die Weltbevölkerung zu ernähren, muss die zur Verfügung stehende Ackerfläche besser ausgenutzt werden. Denn immer noch hungern fast eine Milliarde Menschen. Hier greifen die Produkte von Monsanto an. Hier scheffelt der Konzern aber auch sein Geld. Kleinbauern mögen Monsanto hassen. Aber für die Anbauschlachten auf den Maisfeldern der USA oder den Sojawüsten Brasiliens sind die geschützten, genmanipulierten Samen ein Segen. Monsanto steckt jeden zehnten Dollar in Forschung und Entwicklung, weshalb wohl auch in Zukunft neue Pflanzen aus der Zauberhexenküche der Monsanto-Abteilung „Saatgut und Genomik" in die Natur entlassen werden dürften.

Der Kursverlauf der Monsanto-Aktie hängt von den Preisen der sogenannten „soft commodities" ab. Das sind die Agrargüter. Wenn deren Preise steigen, können sich auch die Bauern teureres Saatgut leisten.

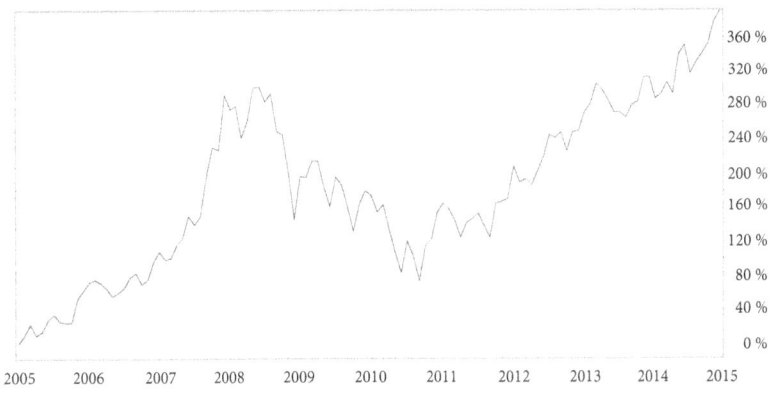

Monsanto: Die Saat geht auf.

An Monsanto scheiden sich die Geister. Einerseits führt der größere Ertrag bei Monokulturen zu einer verbesserten Ernährungslage der Weltbevölkerung, andererseits war Monsanto in der Vergangenheit nicht gerade zimperlich, was die Durchsetzung eigener Interessen anbelangt. Da wurde kräftig Lobby-Arbeit betrieben, und wegen der geringsten Verletzung der eigenen Pflanzenpatente wurden selbst Kleinbauern rabiat vor Gericht gezerrt. Greenpeace behauptet sogar, Monsanto wolle gleich die globale Landwirtschaft vollständig unter seine Kontrolle bringen. Monsanto, x-mal verklagt, aber auch mit Ehrungen ausgezeichnet, gelobt seit Jahren Besserung. Anleger sollten nicht nur den Kurs, sondern auch das Verhalten des Saatmonopolisten genau im Auge behalten.

# 94 Nestlé
*Gegessen und getrunken wird doch immer*

Mein Vater war Lebensmittelgroßhändler. Immer wenn es mit der Konjunktur (und damit auch mit der Börse) bergab ging, tröstete er sich mit dem Spruch: „Gegessen und getrunken wird immer." An den elementaren Grundbedürfnissen kommt keiner vorbei. Deshalb ist Nestlé die sicherste Aktie der Welt. Was mit löslichem Milchpulver begann, hat sich zu einem Markenimperium ausgeweitet. Nestlé produziert und verkauft Hunderte von weltweit bekannten Marken, über Getränke bis hin zu Haustiernahrung. In jeder Sekunde werden auf der Welt allein 5500 Tassen Nescafé getrunken. Rund 500 Nestlé-Produktionsstätten auf dem ganzen Globus verteilt sorgen für einen Umsatz von etwa 100 Milliarden Franken. Rund ein Zehntel davon ist Reingewinn – das alles bei gleichbleibender Qualität und Produktivität.

Nestlé ist eine Gewinnmaschine, die ihren Anlegern Jahr für Jahr höhere Dividenden zahlen kann, weil sie durchschnittlich um rund 5 Prozent im Jahr weiter wächst.

Es werden neue Produkte erfunden oder passende Firmen aufgekauft, wie beispielsweise das Medikamenten- und Diagnostikunternehmen Prometheus aus den USA. Nestlé wird dadurch immer mehr zum weltumfassenden Gesundheitskonzern. Denn der Mensch ist bekanntlich, was er isst. Er kann sich über den Bauch sowohl gesund als auch krank essen und trinken. Daher plant Nestlé, langfristig Medizin und Ernährung zu verknüpfen. „Iss dich doch einfach gesund", wird zur Devise. Dafür wurde eine eigene Nestlé Health Science AG gegründet. Die übernommene US-Firma Prometheus ist bezeichnenderweise auf Diagnose und Behandlungen des Verdauungstraktes spezialisiert, aber auch in der Krebsvorbeugung aktiv.

Natürlich wird der Nahrungsmittelmulti weiterhin in erster Linie gut schmeckende Produkte herstellen. Die finden in Schwellenländern reißenden Absatz, weshalb sich Nestlé auch schon mal einen chinesischen Süßwarenkonzern mit über 10 000 Verkaufsstellen ein-

| Datum | Dividende |
|---|---|
| 10.04.14 | 2.15 |
| 11.04.13 | 2.05 |
| 19.04.12 | 1.95 |
| 14.04.11 | 1.85 |
| 15.04.10 | 1.60 |
| 23.04.09 | 1.40 |
| 10.04.08 | 1.22 |
| 19.04.07 | 1.04 |
| 14.04.06 | 0.90 |
| 14.04.05 | 0.80 |
| 22.04.04 | 0.72 |
| 03.04.03 | 0.70 |

Nestlé: Ausschüttungen wie ein Schweizer Uhrwerk

verleibt. Fast die Hälfte des Umsatzes kommt mittlerweile aus den schnell wachsenden aufstrebenden Volkswirtschaften. Dort ist der Nachholbedarf gewaltig, da gleichzeitig auch die Kaufkraft rapide zunimmt. Viele Analysen sagen: „Nestlé gehört in jedes Depot."

Der Schweizer Nahrungsmittelkonzern ist auch weniger krisenanfällig als etwa die Coca-Cola Company, die stärker von einem Produkt abhängig ist. Sollte dereinst eine Steuer auf Süßgetränke in Ländern mit zu vielen dickleibigen Menschen eingeführt werden, bekäme Coke ein Problem. Mit Tausenden von Artikeln wird Nestlé hingegen immer sehr schnell eine neue Marke oder ein neues Produkt aus dem Hut zaubern können, das den Umsatzeinbruch wettmacht.

## 95 Norilsk Nickel
### Kaufe doch gleich eine ganze Großstadt

Mitten in Nordsibirien liegt eine der schmutzigsten und hässlichsten Städte der Welt. Kaum Vegetation, eisige Winter und Altlasten liegen schwer auf der nördlichsten Metropole der Erde. Glaubt man dem örtlichen Tourismusbüro, handelt es sich bei der Bergbaustadt Norilsk jedoch um einen Luftkurort in purer Arktisluft. Dem ist leider nicht so. Zwar sind die Zeiten vorbei, als Hunderttausende von Strafgefangenen bei minus 55 Grad Baracken bauen mussten, aber den Gulag-Charme hat die Stadt hart am siebzigsten Breitengrad behalten. Vor allem im Winter hält sich die Lebensfreude in Grenzen, wenn die Autos am Straßenrand den Motor laufen lassen, weil er in der Kälte, einmal abgestellt, nicht mehr anspringen würde. Die Luftverschmutzung erreicht dann einen einsamen Höhepunkt.

Mehr als ein Drittel der weltweiten Nickelvorkommen liegen in der Erde von Norilsk, aber auch über ein Dutzend anderer wertvoller Metalle, allen voran Palladium, werden hier aus der Erde geholt. Auch bei Platin und Kupfer zählt die Firma mit Verwaltungssitz in Moskau zu den Größten der Welt. Vier von fünf Arbeitsplätzen in der knapp 200 000 Einwohner zählenden Tundrametropole werden von MMC Norilski Nikel (Mining and Metallurgical Company Norilsk Nickel) gestellt. Weit über ein Prozent des gesamten russischen Bruttoinlandproduktes wird hier erschaffen. Norilsk ist also nicht nur wegen seiner Metalle von strategischer Bedeutung. Einziger Wermutstropfen für den Anleger: Aktien werden außerhalb Russlands nur als ADR (siehe Kapitel: Minen made in USA, S. 98) gehandelt.

# 96 L'Oréal
*Die schönste Aktie der Welt*

Ewige Jugend ist unbezahlbar. Und Firmen, die diese versprechen, müssen entsprechend teuer und wertvoll sein. Der französische Kosmetikkonzern L'Oréal ist an der Pariser Börse hoch bewertet. Aber da er laufend Umsatz und Gewinn steigert, ist das kein Problem. L'Oréal gibt es nie billig. Das gilt auch für die Produkte. Der Firmen-Slogan „Weil ich es mir wert bin" soll Frauen zum Kauf der teuren und guten Kosmetikprodukte animieren. Genausogut gilt er aber auch für die L'Oréal-Aktie.

Giorgio Armani, Ralph Lauren, Yves Saint Laurent ... Wer L'Oréal kauft, bekommt nicht nur einfaches Haarshampoo, sondern eine Fülle prestigeträchtiger Luxusmarken. Es sind gerade die etwas teureren Produkte, die für die satten Gewinne des Konsumgüterriesen sorgen. Denn dort sind die Gewinnspannen gewaltig. Langfristige Aktionäre von L'Oréal haben sich längst an die Siebenmeilenstiefel gewöhnt, mit denen der Beauty-Konzern vorprescht. Selbst in der letzten Finanz- und Wirtschaftskrise hat der Konzern die Dividende erhöht. Den Aktionären sollte uneingeschränktes Vertrauen in die Zukunft demonstriert werden. Zu diesen gehört neben der Gründerfamilie um Liliane Bettencourt, einer der reichsten Damen Frankreichs, auch Nestlé. Der Nahrungsmulti hat zwar seine Beteiligung etwas zurückgestutzt. Dafür hat sich die Familie Bettencourt aber wieder stärker engagiert. Beide Ankeraktionäre glauben fest an die gemeinsame Zukunft. Und die sieht in der Tat rosig aus, geradeso wie ein gesunder Teint.

Vor allem in den Schwellenländern wächst L'Oréal rasant. In China hat man beim Umsatz schon längst die Milliardengrenze geknackt. Fünf Prozent der Einnahmen kommen allein von den chinesischen Frauen. Auch Brasilianerinnen und Inderinnen sind begeisterte Kunden. Die Frauen aus dem aufstrebenden Mittelstand der Schwellenländer sind ganz heiß auf Pariser Chic.

# 97 Petroleo Brasileiro
*Erdöl unterm Salzstock*

Der brasilianische Erdölmulti legte um 2010 die größte Kapitalerhöhung aller Zeiten aufs Parkett. 67 Milliarden Dollar nahm Petrobras ein, um damit sein weiteres Wachstum zu finanzieren. Dieses ist zunächst einmal versalzen. Denn die Rohölquellen, die Petroleo Brasileiro anstechen wollte, lagen unter einer dicken Salzschicht vor der brasilianischen Küste. Die Fördertiefe: bis zu 7000 Meter unter Wasser. Petrobras will in den nächsten Jahren Investitionen in einer Gesamthöhe von über 200 Milliarden Dollar in Exploration und Produktion stecken. Damit ist der halbstaatliche Ölkonzern eine der am aggressivsten wachsenden Firmen der Welt. Bereits jetzt verfügt Petrobras über gesicherte Reserven in Höhe von 16 Milliarden Fässern Rohöl, was einem Marktwert von über einer Billion (1 000 000 000 000) Dollar entspricht.

Der brasilianische Staat kontrolliert den Konzern. Das bietet zwar Nachteile bei den Benzinpreisen im Inland. Denn die kann Petrobras nicht alleine festlegen. Der Staat mischt sich ein und betreibt über Preisvorschriften Entwicklungspolitik. Aus Sicht der Aktionäre hat die Monopolstellung in Brasilien aber auch Vorteile. Ausländische Wettbewerber haben beim Import, im Vertrieb und bei der Produktion von Erdöl und auch Erdgas nur eine Chance, wenn sie mit Petrobras zusammenarbeiten. Das garantiert sichere Monopolgewinne. In Brasilien betreibt Petrobras über 7000 Tankstellen und produziert auch fleißig Bioethanol.

In den letzten Jahren gerieten die Titel von Petrobras an der brasilianischen Börse Bovespa stark unter Druck, nicht zuletzt auch wegen eines Korruptionsskandals. Sie wurden regelrecht niedergeknüppelt und sind daher günstig zu haben. Es kamen Zweifel auf, ob das gewaltige Explorationsunterfangen im Südatlantik überhaupt klappt und ob die bei der Kapitalerhöhung erfolgte Bewertung der Reserven mit 8,51 US-Dollar pro Fass nicht bereits zu hoch angesetzt war.

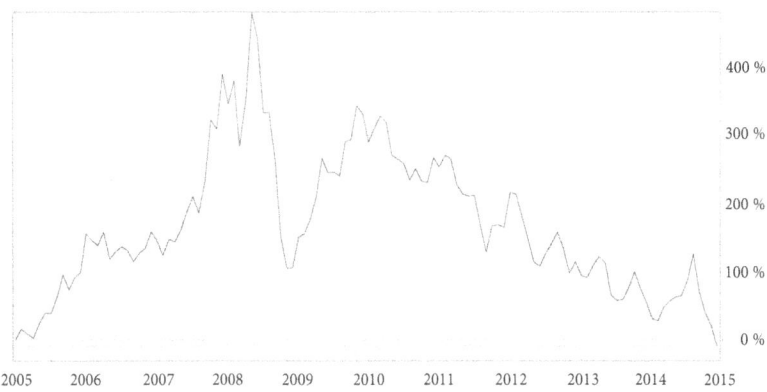

Im Moment noch ein Chart des Grauens: Petroleo Brasileiro

Fast 90 Prozent der Petrobras-Ölreserven liegen in der Tiefsee. Bei ihren bisherigen Explorationen kann Petroleo Brasileiro aber eine Erfolgsquote von 100 Prozent vorweisen. Die Erdölfelder vor der Küste in den sogenannten Santos und Campos Basins werden bereits angezapft. Mehr als eine halbe Million Fässer Rohöl holt Petrobras unter einer bis zu 2 Kilometer mächtigen Salzdecke unter dem Ozean hervor – täglich.

# 98 Teva
*Trittbrettfahren leicht gemacht*

Wir werden immer älter. Das hat Folgen für die Kosten unseres Gesundheitssystems. Denn diese explodieren. Je älter der Mensch, desto anfälliger wird er für Krankheiten. Damit wir uns Heilmittel überhaupt noch leisten können, tritt der Staat auf die Kostenbremse und versucht, die Pharmafirmen zu tieferen Medikamentenpreisen zu zwingen.

Eine seiner stärksten Waffen im Kampf um eine „billigere" Medizin sind die Nachahmerprodukte. Das sind Medikamente, deren Patentschutz ausgelaufen ist und die jetzt günstiger auf den Markt kommen, weil jeder sie nachmachen darf. Man nennt diese Nachahmerprodukte auch Generika. Wenn immer möglich, sind Ärzte und Apotheker angehalten, das billige Generikum statt des teureren Originalpräparates zu verschreiben und auszuliefern. Das schont die Kassen der Krankenkassen und die Geldbeutel der Kranken.

Der größte Medikamentennachkocher der Welt kommt aus Israel. Er heißt Teva, was auf Hebräisch Natur bedeutet. Bekannt wurde Teva Pharmaceutical Industries in Deutschland durch die Übernahme des bedeutendsten Generikaproduzenten ratiopharm (Slogan: „Gute Preise. Gute Besserung").

Nach dem Selbstmord des Firmengründers Adolf Merckle aufgrund von Finanzproblemen in seinem Unternehmensimperium erhielten die Israelis 2010 die Gelegenheit, durch Kauf der ratiopharm zur Sanierung der Merckle-Unternehmensgruppe beizutragen. Im Bieterwettstreit stach Teva sogar den US-Pharmagiganten Pfizer aus. Mittlerweile zählen die Israelis vor allem wegen ihres florierenden Generikageschäfts zu den ganz Großen der Pharmabranche. Ein Viertel aller weltweiten Arzneimittelkopien kommt letztlich aus Israel. Aber Teva ist nicht nur gut im Kopieren. Sie hat vor allem durch geschickte Zukäufe Dutzende von vielversprechenden Medikamentenkandidaten in der eigenen Pipeline und gleichzeitig ist sie eine der am günstigsten bewerteten Pharmaaktien weltweit.

# 99 Vinci
*Der Liebling der Analysten*

Finanzfachleute sind begeistert von einer Aktie, deren Name Programm ist: Vinci. Fast alle haben sie auf der Empfehlungsliste. Das französische Bauunternehmen bietet offenbar alles, was man braucht. Das sind nach einer soliden Bilanz eine hohe Dividende und kontinuierlich steigende Einnahmen. Dafür sorgt in erster Linie der Verkehr. Vinci ist nämlich nicht nur ein Bauunternehmen, sondern auch der größte Autobahnbetreiber Europas. Die Franzosen verwalten fast 5000 Kilometer französische Autobahn. Wer es in Frankreich eilig hat, kommt an der „Péage", der Gebühr fürs Benutzen der teuren, aber extrem gepflegten Schnellstraßen, nicht vorbei. Der Löwenanteil des Betriebsgewinns – aber nur ein kleiner Bruchteil des Umsatzes von Vinci – stammt aus Straßenbenutzungsgebühren. Diese sind die Goldesel der Franzosen. Die Mautstellen sind für das Unternehmen wahre Geldsammelmaschinen. Das schöne für Vinci dabei ist, dass die Maut an die Inflationsrate gekoppelt ist. Also dürften die Einnahmen bald kräftig steigen.

Aber auch beim Bau von Sportstadien, Brücken und Elektrizitätswerken ist der Mautstraßenprofi aktiv. Infrastrukturbauten stehen immer irgendwo auf der Welt an, und sei es für die nächsten Olympischen Spiele und Fußballweltmeisterschaften, weshalb auch dieser Geschäftsbereich von Vinci Zukunft hat, selbst wenn der Heimmarkt Frankreich aus Budgetgründen schwächelt. Im Vergleich zu den übrigen europäischen Bauwerten hat Vinci deutlich weniger Schulden. Deshalb dürfte die überaus üppige Dividende kaum je in Gefahr sein. Mit über 150 000 Mitarbeitern weltweit ist der in Deutschland, Österreich und der Schweiz relativ unbekannte Bau- und Konzessionskonzern ein Riese. Im Namen Vinci klingt das lateinische Wort für „siegen" an. Vinci sollte auch in Zukunft seinem Namen Ehre machen und zu den Gewinnern an der Börse zählen.

## 100 Walt Disney
*Strahlende Kinderaugen – reiche Aktionäre*

Als Onkel Walter eine gewisse Micky Maus der Öffentlichkeit vorstellte, hätte niemand gedacht, dass aus Zeichenfiguren einmal ein Firmenimperium werden würde, vor dem selbst Dagobert Duck vor Neid erblasst. Walter Elias Disney starb an meinem Geburtstag, und ich weiß noch, wie ich bitterlich literweise Tränen vergoss. Der Daseinszweck der Walt Disney Company ist es aber, Kindern Freude zu machen. Da das auch alle Eltern wollen, geht die Nachfrage nach Disney-Produkten gegen unendlich. Das mit Filmen wie „Schneewittchen und die sieben Zwerge" bis zu gigantischen Themenparks und eigenen Fernsehkanälen groß gewordene Unternehmen zählt weit über 100 000 Mitarbeiter weltweit und weiß eigentlich gar nicht mehr wohin mit dem vielen Geld, das es problemlos verdient. Darum kommt es bei Disney auch immer wieder zu spektakulären Firmenübernahmen. So kaufte das im sonnigen Kalifornien beheimatete Unternehmen etwa die Filmproduktionsgesellschaft des berühmten Regisseurs George Lucas (Star Wars) oder die gesamten Rechte für die Marvel Comics – also Spider-Man, Fantastic Four, Der unglaubliche Hulk, Daredevil, Captain America, Iron Man bis zum Ghost Rider – gleich alles im Paket.

Mit der Übernahme des Trickfilmstudios Pixar (Findet Nemo, Monster AG, Toy Story, Ratatouille, Wall E, die Eiskönigin) aus dem Universum des Apple-Mitgründers Steve Jobs machte sich Disney auch zur Nummer eins der computeranimierten Filme, einer unendlichen kreativen Spielwiese, die noch über viele Jahrzehnte für üppig fließende Kino- und Datenträgereinnahmen sorgen wird. Viel kann die Walt Disney Company also nicht falsch machen, weshalb die Aktie zu den sichersten Werten überhaupt zählt.

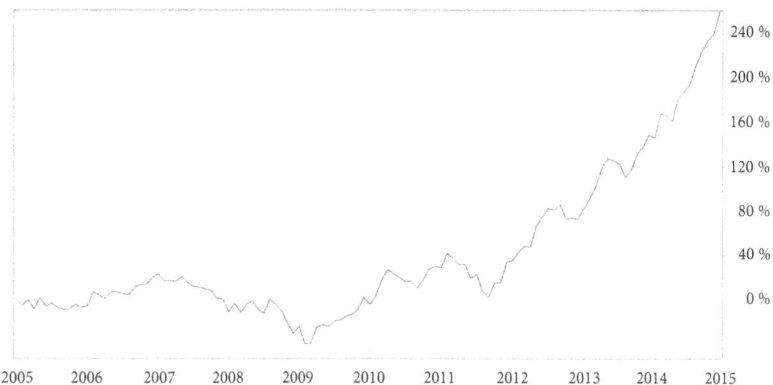

Nicht nur für Kinder: Die Walt Disney Company

# Glossar

**Abgeltungssteuer:** Seit 2009 ein feststehender, pauschaler Steuersatz für alle Kapitalerträge, der unabhängig vom persönlichen Einkommenssteuersatz an der Quelle erhoben wird. Meist wird die Abgeltungssteuer direkt von dem Kreditinstitut oder der das Depot verwaltenden Bank anonym abgeführt. Mit ihr ist die auf die Kapitalerträge entfallende Einkommenssteuer abgegolten.

**AAA:** Höchste Bonitätsbewertung für Schuldner, auch Triple A genannt. Die drei größten Ratingagenturen – Standard & Poor's (S&P), Moody's und Fitch – bewerten die Qualität von Emittenten (Wertpapierherausgebern) mit speziellen unterschiedlichen Buchstaben- und Zahlencodes.

**ADR/ADS:** American Depository Receipts/American Depository Shares. Von US-amerikanischen Banken ausgegebene Hinterlegungsscheine für nichtamerikanische Aktien, die anstelle der eigentlichen Aktien gehandelt werden.

**Aktie:** Wertpapier, das einen Anteil am Kapital einer Aktiengesellschaft verkörpert und dem Besitzer Mitgliedschafts- und Vermögensrechte verbrieft.

**Aktienindex:** Börsenbarometer, das die Kursentwicklung ausgewählter Aktien zusammenfasst und darstellt, zum Beispiel den Kursverlauf eines Wirtschaftszweiges oder eines regionalen Marktes. Während Kurs- beziehungsweise Preisindizes die reine Kursentwicklung abbilden, erhöhen bei Performanceindizes auch erfolgte Dividendenausschüttungen den Indexwert. Der bekannteste deutsche (Performance-) Aktienindex ist der DAX. Bekannt ist auch der US-amerikanische Dow Jones, ein Preisindex.

**Anleihe:** Schuldverschreibung mit festem oder variablem Zinssatz zur Beschaffung von Fremdkapital. Im Gegensatz zu Aktienbesitzern sind Anleiheinhaber nicht Miteigentümer am Unternehmen, sondern Gläubiger; eine Anleihe wird daher bei einem Unternehmenskonkurs oft noch teilweise zurückgezahlt, während Aktienbesitzer in der Regel leer ausgehen.

**Baisse:** Sinkende Kurse

**Bärenmarkt:** Wenn es an der Börse längere Zeit abwärts geht, wird dies Bärenmarkt genannt, nach dem Bär, der mit seinen Tatzen von oben nach unten zuschlägt.

**Bezugsrecht:** Recht des Aktionärs, bei einer Kapitalerhöhung seiner Gesellschaft junge Aktien zu erwerben.

**Bonusaktie:** Oft anstelle oder zusätzlich zur Dividende gewährte Sondervergütung an die Aktionäre, etwa aus Anlass eines Firmenjubiläums oder von Sondererträgen.

**Bonusdividende:** Zusätzlich zur Dividende gewährte Sondervergütung an die Aktionäre, etwa aus Anlass eines Firmenjubiläums oder von Sondererträgen.

**Bullenmarkt:** Wenn es an der Börse längere Zeit aufwärts geht, steht der Bulle als Sinnbild der Aufwärtsbewegung, da er mit seinen Hörnern von unten nach oben stößt.

**Chart:** Grafische Darstellung des Kursverlaufs.

**Chartanalyse:** Form der technischen Analyse, bei der Kursdaten einer Aktie, Währung oder einer Gruppe von Werten grafisch dargestellt werden, um bestimmte Entwicklungen (Trends) abzuleiten.

**Convertible:** Siehe Wandelanleihe

**Coupon (Kupon):** Ursprünglich kleiner Abschnitt eines Wertpapiers, der zur Einlösung eines Gewinnanteils („Dividendenschein") oder Zinses („Zinsschein", „Zinskupon") berechtigt. Im Börsenjargon wird dieser Begriff auch als Synonym für den Nominalzins einer Anleihe gebraucht.

**Courtage:** Provision des Maklers, der ein Wertpapiergeschäft vermittelt.

**Derivat:** Finanzinstrument, dessen Bewertung von der Preisentwicklung des zugrundeliegenden Finanztitels (Basiswert) abhängt. Wichtigste Beispiele für Derivate sind Kauf-Optionen (Calls) oder Verkaufs-Optionen (Puts).

**Dividende:** Anteil des Bilanzgewinns einer Aktiengesellschaft, der an die Aktionäre ausgeschüttet wird, in Deutschland üblicherweise jährlich.

**Eigenkapital:** Das haftende Kapital einer Aktiengesellschaft, das von den Aktionären durch Zeichnung von Aktien im Rahmen einer Emission oder Einzahlung aufgebracht wird. Neben dem Grundkapital enthält es die bei der Emission zusätzlich eingeworbenen Kapitalrücklagen sowie die durch Einbehaltung (Thesaurierung) von Gewinnen entstandenen Gewinnrücklagen.

**Festverzinsliche Wertpapiere:** Anleihen, deren feste Verzinsung zu festen Stichtagen abgerechnet werden.

**Fonds:** Ein Fonds ist eine Sammelanlage, die in mehrere Bereiche (zum Beispiel verschiedene Wertpapiere, Immobilien, Waren) investiert, um eine möglichst hohe Streuung des Risikos zu erreichen.

**Fondsmanager:** Anlageexperte und Verwalter eines Fonds, der durch seine Entscheidungen die Investitionen dieses Fonds im Einzelnen bestimmt. Seine Aufgabe ist es, das bereitgestellte Vermögen möglichst ertragreich und sicher anzulegen.

**Freiverkehr:** Auch open market genannt. Ein Börsensegment, in dem die Firmen nicht so hohe Anforderungen (an Rechnungslegung und Publizitätsvorschriften) erfüllen müssen. Das ist für die Firmen kostengünstiger, vermindert aber die Transparenz.

**Grundkapital:** Das in der Satzung einer Aktiengesellschaft festgelegte Kapital. Diese Satzung bestimmt auch, in wie viele Anteile (Aktien) das Grundkapital eingeteilt ist. Es ist nicht identisch mit dem Eigenkapital, sondern nur ein Bestandteil dessen.

**Hauptversammlung:** Mindestens einmal jährlich stattfindende Versammlung der Aktionäre einer Aktiengesellschaft, in der diese über Gewinnverwendung, Kapitalmaßnahmen, Satzungsänderungen und weitere grundsätzliche Fragen beschließen.

**Hausse:** Steigende Kurse

**Hedge-Fonds:** Kaum regulierte Investmentfonds, die aktiv verwaltet werden und bei gleichzeitig höherem Risiko meist höhere Renditen versprechen. Sie verfolgen die unterschiedlichsten Anlagestrategien und können diese mit einer breiten Palette an Finanzinstrumenten umsetzen, darunter auch Derivate und Leerverkäufe (Verkäufe von Wertpapieren, die sie noch gar nicht besitzen).

**Insider:** Bezeichnung für Personen, die wegen ihrer beruflichen Stellung oder sonstiger Umstände einen Informationsvorsprung haben. Dessen Ausnutzung zum eigenen Vorteil bei Wertpapiergeschäften (sogenannter Insiderhandel) ist schwer nachweisbar, aber strafbar, da die Chancengleichheit der Anleger nicht gewährleistet ist.

**IPO:** Siehe Neuemission

**Junge Aktien:** Aktien, die von einer Aktiengesellschaft im Rahmen einer Kapitalerhöhung neu herausgegeben werden. Den bisherigen Aktionären wird meist ein Bezugsrecht, also ein Vorkaufsrecht gewährt, ehe die jungen Aktien an der Börse gehandelt werden.

**Kapitalerhöhung:** Form der Unternehmensfinanzierung durch Erhöhung des Eigenkapitals eines Unternehmens. Bei Aktiengesellschaften geschieht dies meist durch Ausgabe junger Aktien, die den bestehenden (Alt-) Aktionären angeboten werden.

**Kassenobligation:** Ein festverzinsliches Wertpapier der öffentlichen Hand oder von Banken. Vom Staat emittierte Kassenobligationen werden in Deutschland als Bundesschatzbriefe und in Österreich als Bundesschatzscheine bezeichnet.

**Kurs-Buchwert-Verhältnis (KBV):** Eine Kennzahl zur Bewertung von Aktien. Das KBV stellt den Börsenkurs einer Aktie ins Verhältnis zum Buchwert der Aktie. Das Kurs-Buchwert-Verhältnis ist eine substanzorientierte Kennzahl. Der Buchwert ist das, was bei einer Liquidation einer Gesellschaft an Wert übrig bleibt, nämlich das gesamte Gesellschaftsvermögen abzüglich der Schulden.

**Kurs-Gewinn-Verhältnis (KGV):** Die wichtigste Kennzahl zur Bewertung von Aktien. Es stellt den Kurs einer Aktie ins Verhältnis zu ihrem Reingewinn.

**KMU:** Kleine und mittlere Unternehmen, auf die Größe ihrer Bilanz bezogen.

**Liquidität:** Marktfähigkeit, von lateinisch liquidus = flüssig. Im Börsenhandel Maß dafür, wie schnell und kostengünstig ein bestimmtes Wertpapier gekauft oder verkauft werden kann.

**Marktkapitalisierung:** Spiegelt den aktuellen Börsenwert einer Firma wider und ergibt sich aus dem Kurswert einer Aktie multipliziert mit der Anzahl der an der Börse notierten Aktien.

**MBO:** Management Buyout. Verkauf des Unternehmens ans eigene Management.

**Nennwert/Nominalwert:** Betrag, mit dem der Aktionär pro Aktie am Grundkapital seiner Aktiengesellschaft beteiligt ist.

**Neuemission:** Öffentliches Auf-den-Markt-Bringen von Aktien im Rahmen eines Börsengangs, mit dem ein Unternehmen zum ersten Mal überhaupt an der Börse notiert wird. Bekannt auch unter den englischen Bezeichnungen Initial Public Offering (IPO) oder Going Public.

**Neuer Markt:** Im Jahr 2003 nach zahllosen Bilanz- und Betrugsskandalen geschlossenes Börsensegment für Jungunternehmen an der Frankfurter Wertpapierbörse.

**Nullsummenspiel:** Spiel, bei dem sich Gewinn und Verlust ausgleichen.

**Obligation:** Lat. Verpflichtung. Schuldverschreibung mit festem oder variablem Zinssatz.

**Private Equity:** Nicht an der Börse gehandelte Firmenbeteiligung.

**Quellensteuer:** Steuer auf Einkünfte, die direkt an der Quelle der Auszahlung abgezogen und im Namen des Leistungserbringers (Gläubiger der Vergütung) an das zuständige Finanzamt abgeführt wird. Sie ist entweder konzipiert als Vorauszahlung auf die entsprechende Ertragsteuer oder aber als Abgeltungsteuer ausgestaltet.

**Rendite:** Gesamterfolg einer Kapitalanlage, gemessen als prozentualer Wertzuwachs auf den eingesetzten Kapitalbetrag.

**Schiffsfonds:** Ein Fonds, der das eingesammelte Kapital in den Bau oder den Erwerb von Seeschiffen investiert. Schiffsfonds genießen staatlich geförderte, steuerliche Begünstigungen, sind aber aufgrund der Investition in anfällige Einzelobjekte hochriskant.

**Stop-Buy-Order:** Kaufauftrag, der beim Erreichen eines bestimmten Limits oberhalb des aktuellen Börsenkurses automatisch billigst ausgeführt wird. Damit versucht der Anleger, an einem sich plötzlich abzeichnenden Kursaufschwung zu partizipieren.

**Stop-Loss-Order:** Verkaufsauftrag, der beim Erreichen eines bestimmten Limits unterhalb des aktuellen Börsenkurses automatisch bestens ausgeführt wird. Damit versucht der Anleger, ein einmal erreichtes Kursniveau nach unten abzusichern oder sich vor einem raschen Kurssturz zu schützen.

**Subprime:** Bedeutet „zweitklassig". Der Begriff entstand in den 1990er-Jahren in den USA und bezeichnete schönfärberisch nicht ganz erstklassige Anlagen. Später wurde der Begriff vornehmlich für eher minderwertige Hypothekarschulden gebraucht. Diese waren ab 2007 Auslöser der weltweiten Finanzkrise.

**Terminbörse:** Börse, an der Wirtschaftsgüter zur Lieferung auf einen bestimmten, fest vereinbarten Zeitpunkt hin gehandelt werden. Transaktionen werden erst in der Zukunft abgewickelt, die Verträge jedoch schon heute geschlossen.

**Timing (gutes):** Bestmöglicher Zeitpunkt für den Kauf oder Verkauf von Wertpapieren.

**Tulpenzwiebelhausse:** auch Tulpenmanie, Tulpenwahn, Tulpenfieber oder Tulpenhysterie genannt. Periode im Goldenen Zeitalter der Niederlande, in der Tulpenzwiebeln zum Spekulationsobjekt wurden. Tulpen waren seit ihrer Einführung in die Niederlande ein Liebhaberobjekt. Sie wurden in den Gärten der sozial gehobenen Schichten kultiviert. Zum gängigen Tauschhandel zum Ende des 16. Jahrhunderts kam zunehmend kommerzieller Handel mit Tulpen hinzu. In den 1630er-Jahren stiegen die Preise für Tulpenzwiebeln auf irrationale Höhen, bevor der Markt zu Beginn des Februars 1637 abrupt einbrach. Die Tulpenzwiebelhausse wird als die erste breit dokumentierte Spekulationsblase der Wirtschaftsgeschichte angesehen und wurde zum Synonym extremer Übertreibungen an den Märkten.

**Vorzugsaktie:** Aktie, die in der Regel kein Stimmrecht, dafür im Gegenzug andere Vorteile gewährt, meist eine höhere Dividende. Im Gegensatz dazu steht die Stammaktie.

**Wandelanleihe:** Engl. convertible bond. Der Inhaber einer Wandelanleihe kann diese während der Laufzeit ganz oder teilweise zu einem vorher festgelegten Verhältnis in Aktien umwandeln. Ob das Wandlungsrecht ausgeübt wird, hängt von der Entwicklung des Aktienkurses ab. Wenn das Wandlungsrecht nicht wahrgenommen wird, wird die Anleihe am Ende der Laufzeit zurückgezahlt (getilgt). Weitere Synonyme: Wandelschuldverschreibung, Aktienoptionsanleihe.

**Wertpapier:** Verbriefung eines geldwerten Anrechts, zum Beispiel die Miteigentümerschaft an einem Unternehmen.

**Zertifikat:** Wertpapier, das über derivative Komponenten verfügt, sodass seine Wertentwicklung von der Wertentwicklung anderer Finanzprodukte indirekt abhängt.

# Register

# Haftungsausschluss

# Was Menschen erfolgreich macht

Wir fahren auf der perfekten Autobahn und hoffen, irgendwann erfolgreich zu sein. Viele erreichen dieses Ziel auch und sind trotzdem nicht hundertprozentig zufrieden. Weil sie das Leben anderer Menschen leben. Weil sie nicht selbstbestimmt arbeiten, sondern fremdbestimmt. Sie sind durchaus erfolgreich und finanziell gut abgesichert, doch ihr „eigenes Ding" können sie trotzdem nicht machen. Dabei hätte man doch eine Menge guter Ideen, die man gern einmal ausprobieren möchte. Wir sollten ab und zu von der Autobahn abbiegen und auf Nebenstraßen weiter in Richtung Erfolg fahren. Einen entsprechenden Erfolgs-Navi finden Sie im vorliegenden Buch. Im zweiten Teil werden ganz unterschiedliche Unternehmen vorgestellt, an deren Anfang durchaus ungewöhnliche Ideen und Vorhaben standen.

Dieses Buch richtet sich nicht nur an Existenzgründer, Unternehmer und Freiberufler, sondern gleichermaßen an Mitarbeiter in Unternehmen, die für kreative Ideen offen sind.

Erfahren Sie,

- **mit welch unkonventionellen Ideen Menschen erfolgreich waren und sind,**

- **wie verrückte Ideen Ihren Erfolg und Ihre berufliche Karriere fördern,**

- **wie man dank des „Erfolgs-Navis" schnell zum kreativen Querdenker wird,**

- **weshalb „schräge Ideen" die Lieblinge der Medien sind**

- **und weshalb Sie keine Angst vor verrückten Ideen haben sollten.**

*Michael Brückner*
**Die Gesetze der Erfolgreichen**
**Von den Besten lernen**
216 Seiten
Klappenbroschur
978-3-8319-0575-1
€ 16,95 [D]/€ 17,50 [A]

Innovative Ideen, der Glaube an die eigenen Fähigkeiten, Fleiß und Durchsetzungsvermögen? Das allein reicht meistens nicht. Erfolgreiche Menschen „ticken" anders. Sie stellen Bewährtes infrage, denken quer zum Mainstream, haben den Mut, auch scheinbar verrückte Dinge umzusetzen, brechen Regeln und Konventionen und hören nicht auf Bedenkenträger. In diesem Buch lernen Sie die zehn wichtigsten Gesetze der Sieger kennen – praxisnah, leicht nachvollziehbar und motivierend geschrieben. Lassen Sie sich inspirieren zum verändernden Querdenken und zur Umsetzung unkonventioneller Ideen. Diese Gesetze haben schon viele erfolgreich und wohlhabend gemacht. Einige bekannte und weniger bekannte Beispiele werden Ihnen in diesem Buch vorgestellt. Es ist ein Karriere-Navi für erfolgsorientierte Arbeitnehmer, Selbstständige und Existenzgründer.

*Michael Brückner* arbeitet als freier Wirtschaftsjournalist, Autor und Kommunikationsberater. Nach 16-jähriger Tätigkeit als Zeitungsredakteur und Chefredakteur machte er sich 1995 selbstständig. Zu seinen Kunden im Beratungsgeschäft gehören viele Mittelständler, deren Erfolgsgeheimnisse in Brückners neuen Ratgeber eingeflossen sind.

# Konfliktfrei miteinander arbeiten

Ich war sofort begeistert davon, dieses Buch mit einem Vorwort einleiten zu dürfen. Seit mehr als 20 Jahren bin ich als Führungskraft in deutschen und amerikanischen Unternehmen tätig und würde mich, um in der Definition dieses Buches zu bleiben, als typischen Adam bezeichnen: ziel-, ergebnis- und lösungsorientiert, eher ein Freund von kurzen Formulierungen als von langen Sätzen. Sprich – ich finde mich in vielen Stereotypen wieder, die in diesem Buch dargestellt werden.

Allerdings hatte ich das Glück, in diesen 20 Jahren überwiegend in Unternehmen zu arbeiten, bei denen weibliche Führungskräfte keine Ausnahme sind bzw. die von weiblichen Managern geführt wurden oder noch heute geführt werden. Und gerade von meinen weiblichen Vorgesetzten konnte ich lernen, dass Ziel- und Lösungsorientierung nicht im Widerspruch zu einem beziehungsorientierten und rücksichtsvollen Miteinander stehen muss. Im Gegenteil, gerade die Kombination von beiden Verhaltensweisen und Eigenschaften hat wiederholt zu besseren und nachhaltigeren Geschäftsergebnissen geführt.

Ich bin außerdem begeistert von Aufbau und Struktur des Buches. Es beschreibt sehr anschaulich typische Geschäftssituationen als potenzielle Konfliktherde, die in der Zusammenarbeit von Adam und Eva täglich auftreten können, und bietet gleichzeitig einfache und praktische Lösungsansätze. So ist selektives Lesen und Anwenden möglich.

Die Bedeutung dieses Buch reicht aber deutlich darüber hinaus, wie jeder Einzelne, egal ob Adam oder Eva, konstruktiver und zielführender mit geschlechterspezifischen Verhaltensweisen umgehen kann. Ich bin zutiefst davon überzeugt, dass in einer zusehends komplexeren Umwelt eine erfolgreiche unternehmerische Zielerreichung kaum noch durch die Leistung eines Einzelnen möglich ist, sondern nur durch das erfolgreiche Zusammenwirken von Teams, bestehend aus Adams und Evas mit unterschiedlichen Erfahrungen und Verhaltensweisen.

Viel Spaß beim Lesen und Anwenden,
Jürgen „Adam" Reichle
Geschäftsführer PepsiCo Deutschland GmbH

*Katrin Seifarth*
**Das SIEgER-Team
40 handfeste Tipps für die
erfolgreiche Zusammenarbeit
von Frauen und
Männern im Job**
216 Seiten
Klappenbroschur
978-3-8319-0603-1
€ 16,95 [D]/€ 17,50 [A]

Es gibt unzählige Studien, die belegen, dass Unternehmen, in denen Gender Diversity wirklich gelebt wird, die besseren Ergebnisse liefern. Gleichzeitig ist diese Verschiedenheit zwischen den Geschlechtern aber auch die Quelle von Spannungen und Missverständnissen, die in den unterschiedlichen Kommunikations- und Verhaltensweisen begründet liegen. Dabei haben wir doch im Business alle das gleiche Ziel: unser Geschäft soll wachsen!

Dieses Buch soll Ihnen anhand von typischen Fallbeispielen helfen, die üblichen Konflikte und Missverständnisse zwischen den Geschlechtern im Geschäftsleben zu erkennen, und sowohl Frauen als auch Männern Vorschläge anbieten, wie sie besser und zielführender damit umgehen können. Statt sich gegenseitig eines Besseren zu belehren, können Sie so das unendliche Potenzial, die Synergien und die Stärken der beiden Geschlechter in Ihrem Arbeitsalltag nutzen und somit nachhaltig bessere Geschäftsergebnisse und ein konfliktfreieres Miteinander erzielen.

*Katrin Seifarth*, zertifizierter systemischer Coach und NLP-Master, internationales BWL-Studium, Karriere im Brand Management eines Konsumgüter-Riesen. Seit 2000 führt die Mutter zweier Kinder die Trainings- und Beratungsfirma train effect.

Sie legt Wert darauf, dem Thema die Dramatik zu nehmen und die Leser mit Leichtigkeit und Humor auf neue, aber fundierte Wege aufmerksam zu machen.

# Keine Angst vorm Vorsorgen

Gefragt, wie er sterben möchte, hat Woody Allen geantwortet: „Am liebsten ohne mich!" Und wenn das nicht geht, dann wenigstens einfach tot umfallen oder einschlafen und nicht wieder aufwachen. Auf die letzte Reise möchte jeder von uns am liebsten verzichten oder sie wenigstens so weit als möglich hinausschieben. Hat sie doch ein uns unbekanntes Ziel und ist gleichzeitig Schlusspunkt unseres Lebens.

Aber genau diese Denkweise hindert uns am Leben und verhindert keineswegs unser Sterben. Fast jeder hat diese tief sitzende Angst vor dem Tod, Angst, sich mit seiner eigenen Sterblichkeit auseinanderzusetzen, und möchte – wenn möglich – auch nicht daran erinnert werden. Nur eines im Leben ist uns gewiss, und das ist der Tod. Nur ihm können wir nicht entgehen, egal wie wir es drehen und wenden. Also ist es doch besser, ihn als Teil des Lebens zu sehen und anzunehmen, wir laufen ihm – auch wenn wir ihn noch so sehr ignorieren – nicht davon.

Ich möchte mit Ihnen einen Notfallkoffer packen, also einen Koffer, in dem alles Notwendige enthalten ist, was für Ihre Angehörigen von Bedeutung ist, wenn Sie sich auf Ihre letzte Reise begeben. Der Inhalt des Koffers gibt Anregungen, sich über die eigenen Wünsche Klarheit zu verschaffen, hilft, diese zu artikulieren, und zeigt Ihnen gleichzeitig Wege auf, wie Sie dieses Wissen den Hinterbliebenen übermitteln können. Er leistet wertvolle Dienste für eine friedliche Nachfolgeregelung. Nur Ihnen ist bekannt, wo sich persönliche Unterlagen befinden, während sich Ihre Angehörigen häufig erst auf die Suche machen müssen. Dieses Buch will Hilfestellungen geben, Ihre persönlichen Dinge im Einzelnen zu regeln, und Ihnen ermöglichen, Ordnung in Ihre persönlichen Unterlagen zu bringen.

Das Buch ist in zwei Abschnitte gegliedert. Teil A stellt dar, welche Gepäckstücke Sie in den Koffer packen sollten, um für die letzte Phase Ihres Lebens gut ausgestattet zu sein. Teil B bietet Ihnen Formulare und Musterformulierungen für die einzelnen „Gepäckstücke".

*Felizita Söbbeke*

*Felizita Söbbeke*
**Mein persönlicher Vorsorgekoffer**
**Checklisten, Vollmachten**
**und Testamente –**
**einfach und umfassend**
208 Seiten
Klappenbroschur
978-3-8319-0482-2
€ 14,95 [D]/€ 15,40 [A]

Sterben – am liebsten ohne mich! So denken die meisten Menschen und wollen sich mit ihrem Lebensende so wenig wie möglich auseinandersetzen. Doch nur wer sorgfältig plant, kann sicher sein, dass am Ende die eigenen Wünsche und Vorstellungen erfüllt werden und alle persönlichen Dinge geregelt sind. Wer möchte nicht Streit in der Familie vermeiden und wissen, dass alles seinen richtigen Gang geht? Felizita Söbbeke, Fachanwältin für Erbrecht, hat einen Leitfaden zusammengestellt, der sachkundig und umfassend Auskunft gibt, was bei Patientenverfügung, Vorsorgevollmacht, Betreuungsverfügung & Co. zu beachten ist und wie man Ordnung in seine Unterlagen bringt. Anhand von konkreten Beispielen und Musterformularen erläutert sie alle wichtigen Schritte und bringt Klarheit in den Dschungel von Entscheidungen, Vollmachten und Formularen zur letzten Lebensphase. Die Autorin macht Mut, sich mit dem Thema auseinanderzusetzen und zu handeln. Wer sich rechtzeitig um Vorsorge kümmert, kann den letzten Lebensabschnitt glücklich und unbeschwert genießen.

*Felizita Söbbeke*, geb. 1953 in Westfalen, studierte Rechtswissenschaften in Würzburg und Münster. Seit 1987 arbeitet sie als Rechtsanwältin und Notarin mit den Schwerpunkten Erbrecht und Vermögensnachfolge in der eigenen Kanzlei. Sie ist Initiatorin, Veranstalterin und Referentin der jährlich stattfindenden „Gronauer Erbrechtstage" sowie Autorin der Leitfäden „Vorsorgevollmacht, Patientenverfügung, Betreuungsverfügung" und weiterer Veröffentlichungen zu Themen der Gestaltung erbrechtlicher Fragen.

## Bildnachweis
Can Stock Photo Inc./SWEviL: 176
Fotolia: Titelfoto (INFINITY), 12/13, 46/47, 178/179
Mit freundlicher Genehmigung nach Vorlagen von boerse-frankfurt.de: 15, 61, 135, 160, 181, 185, 187, 193, 197
wikipedia: 33 (Daniloalvares)

**Bibliografische Information der Deutschen Nationalbibliothek**
Die Deutsche Nationalbibliothek verzeichnet diese Publikation in der Deutschen Nationalbibliografie; detaillierte bibliografische Daten sind im Internet über http://dnb.d-nb.de abrufbar.

ISBN 978-3-8319-0594-2

Text: Robert Jakob
Redaktion: Claudia Schneider, Hamburg
Gestaltung: BrücknerAping Büro für Gestaltung GbR, Bremen
Gesamtherstellung: CPI books GmbH, Leck

www.ellert-richter.de